京都あやかしタウン

まちを歩けば妖怪にあたる

［監修］堤邦彦

淡交社

まえがき

堤邦彦

　京都が舞台となった小説や映画のなかにあって、ひときわ異彩を放つ作品に万城《まき》目《め》学《まなぶ》の『鴨川ホルモー』（KADOKAWA）があります。市内の東西南北に位置する四つの大学に「オニ」を操るサークルが存在し、部員らは「オニ語」を使って小さな式神《しきがみ》の群れを自在に動かすのです。そして相手校のオニを倒すことに明け暮れる毎日——。このサークルに入部した新入生の「安倍」を中心に、物語は部活内のいざこざや色恋をテンポの良い洒脱な筆遣いで綴っていきます。安倍晴明を思わせる主人公名からも分かるように、平安朝の陰陽師伝説に想を得た作品なのですが、一方で、随所に１９７０年代の若者文化をちりばめ、半世紀前の青春群像を再現しています。こん棒を振りかざして相手を「フルボッコ」にするオニの姿には、大学紛争時代の内ゲバを彷彿とさせるものがあります。

　もっとも、妖怪と学生文化の融合を違和感なく描くことができたのは、やはり京都という土地の風土に負うところが少なくないでしょう。妖怪といえば、人里離れた漆黒の深山幽谷《しんざんゆうこく》を連想しがちですが、京都の怪異スポットは、意外にも繁華な街の中に点在しています。源頼光や安倍晴明にまつわる史跡が、百万都市の生活圏と隣り合わせに伝存するのは、京都の特徴かもしれません。見えない世界とありふれた日常が指呼《しこ》の間《かん》にあるといってもよいでしょう。

例えば平安京の内裏《だいり》を震撼させた鬼出没の魔所「宴《えん》の松原」（現上京区）は、人と車が行き交う千本通りに程近い石材店脇の石碑に怪事件の痕跡をとどめています。生きて働く営みの真横に魔界への通路が口を開けているのです。あるいは貴船明神を目指す丑《うし》の刻《こく》参りの女が、怨《うら》みのあまりに息絶えたと伝わる「鉄輪《かなわ》の井戸」を探したとしましょう。人通りの多い四条河原町エリアから徒歩圏内の住宅地を進むと、狭い路地の奥に件《くだん》の井戸が突如として現れます。かつてその水は縁切りのまじないに使用されたともいいます。数世紀も前の鬼女譚が、街の習俗と共鳴し合うさまは興味が尽きません。市民の暮らしの足元に、千年を経た怪異の伝承が根を張り、街角の小さな祠《ほこら》に当時の記憶がよみがえるのです。京都の妖怪話は日常生活との親和性に富むものといってよいでしょう。

さて、もしも街の片隅に妖怪のコミュニティが存在したとしたら、彼らはどのような生活を送っているのでしょうか。こうした想像を可能にするのが、この土地の特性です。本書の構想もまた、千年の都と異世界が地続きの連続性をふまえて成り立っています。さあ、あやかしの「いま」を覗く小旅行に出かけてみましょう！

目次

3章

戌の刻〜寅の刻

あやかしタウンへ踏み入る前に……

妖怪、と聞くと「闇夜にまぎれて人間をおどかす存在」というイメージをお持ちの方が多いでしょう。有名なマンガやアニメ作品のなかでも、妖怪の生態をそう説明しています。

しかし、一晩中街に灯りがあふれる現代、闇夜に彼らの居場所はなくなってしまいました。それは長い歴史を誇り、街のあちこちに史跡が残る古都・京都でも同じことでした。

これまでのように暮らすことが難しくなった妖怪は人間の姿に化け、ひっそりと生活することにしました。狐や狸に、アイデンティティを保ちつつ街に溶け込むことができる化け方を教わったり、社会の仕組みを学ぶため、世渡りが上手な都市伝説主催のサークルに参加したり……。そして「どうやら人間たちは法律、という掟に従って生きているらしい」と気づいた彼らは、人間に倣って社会で生きるために

一、ヒトを殺してはならない

二、正体がばれてはいけない

という二つの掟を定め、人里に飛び出すことにしました。

それでも数百年間で染みついた癖はなかなか消えません。河童は相撲がとりたくてうずうずするし、そろばん坊主は計算をしていないと落ち着かず、冷や汗が止まりません。

人間と共生するあやかしタウンの住人たちは、どんな職に就き、どこで暮らしているのでしょう。伝説とは異なる一面を覗かせる妖怪もいるはずです。

ここにいたった経緯は切なくとも、愉快に日々生活を営む彼らの様子をご紹介します。

それではようこそ、あやかしタウンへ。

※本書は、2022年度の京都府立大学と淡交社による授業「ケースメソッド・キャリア演習」内で、同大学生が立案した企画書をもとに制作されました。
1章から3章までの本文は、取り上げた各妖怪を、学生による「人間と共生している『いま』の姿を創作するページ」と、それに続く堤邦彦氏が「史料や伝説に基づき『過去』の姿を紹介するページ」の二つで構成しています。

本書の制作に携わった学生の氏名は、巻末の奥付（一二七ページ）に記載しています。

1章

卯の刻～午の刻

妖怪の朝は早い。
6時頃から13時頃まで、
健康的かつ
効率的なリズムで
生活する妖怪たち。

橋《はし》姫《ひめ》

命短し!?
恋せよ乙女!

出身	京都府宇治市
居住地	宇治川のほとり
年齢	17歳
職業	高校生
部活	美術部
好きな色	パステルピンク
最近の悩み	出席日数が足りず、留年する可能性があること

メンタルは彫刻制作で鎮めるの

　橋本姫華《ひめか》は京都市内のとある高校に通う女子高生。美術部の副部長であり、彫刻作品を制作している。彼女が得意とするのは釘に貫かれた人物というモチーフ。人物の顔は一様に真っ赤に塗られている。メッセージ性の強い独自の作風はSNS上にもファンが多い。制作のテーマは一貫して「失恋」。それは、彼女の恋愛遍歴に理由がある。

　姫華は恋多き乙女だが、見る目がないのか、恋人ができてもすぐに別れてしまうのだ。友人によると恋人の浮気による破局が大半だそう。破局すると自身のSNSに「探さないで頂戴。」と一言残し、行方をくらます。彼女を心配した友人が尋ねると、貴船の山に籠って作品制作をしていると答えたようだ。

　きっかり一週間経つと2メートルを超す作品を片手に涼しい顔で登校してくるため、友人らはいつものことかと放置している。一方、彼女の祖父は心配のあまり毎晩山を伝い、様子を見に行っては追い返されているそうだ。

カバンの中身

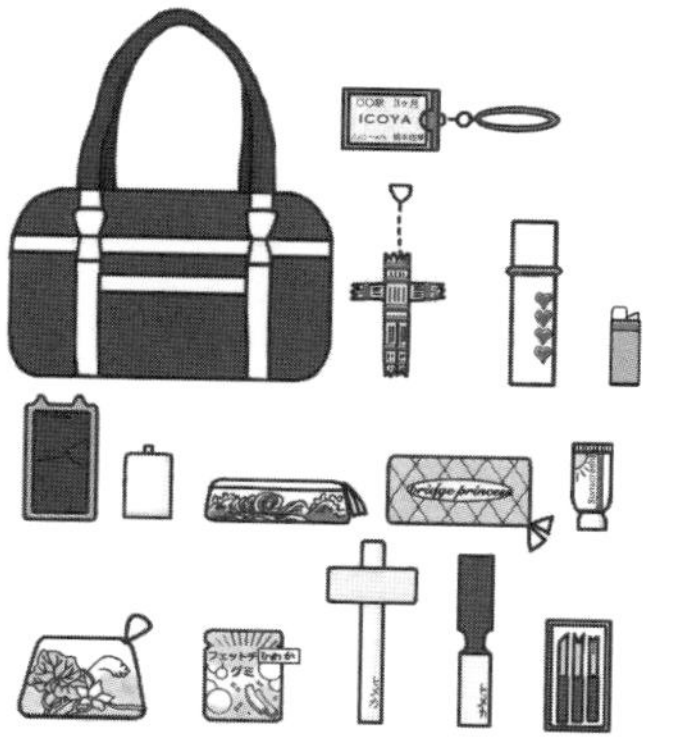

筆箱、化粧ポーチ、モバイルバッテリー、日焼け止め、ライター、フェットチーネグミ、木槌、ノミ、彫刻刀

橋姫

橋のたもとに祀られた女神で、各地に橋姫の社《やしろ》の伝承が残る。山城《やましろ》・宇治《うじ》、摂津《せっつ》・長柄《ながら》のほか、かつては京の五条橋（現松原橋）、近江の瀬田橋にも橋姫を祀る習俗があった。なかでも宇治の橋姫は古くから諸書に紹介されており、平安期の『古今和歌集』巻十四恋歌四の「さむしろに衣かたしきこよひもやわれを待つらむ宇治の橋姫」の解釈をめぐる口碑《こうひ》伝説が『奥義抄《おうぎしょう》』などの中世歌論書に見える。すなわち宇治橋の下に住む橋姫のもとに離宮の神（住吉明神とも）が夜毎《よごと》に通い、明け方に川の波を荒立てながら帰るという伝説が記されている。また『古今為家抄《こきんためいえしょう》』（弘長三年・一二六三）には、夫に去られた女が宇治川に黒髪を浸して鬼になった説話が載る。

多くの場合、橋姫は物妬みの激しい女神と考えられ、鬼女伝説の色彩を帯びるものも少なくない。

古代社会では、橋は外界から侵入する悪霊を防ぐ場所であり、橋の周りには男女二柱《ふたはしら》の守護神が祀られた。災厄を退ける神の威力の象徴である「荒ぶるネタミ」が、後世、女性の嫉妬心の意味に転じたものとされた（柳田国男『一つ目小僧その他』）。

近世初期の怪異小説『伽婢子《おとぎぼうこ》』（寛文六年・一六六六）巻十の二「妬婦水神《とふすいじん》となる」は、夫のつれない扱いに怒り狂った宇治のあたりの女房が鬼女と化して宇治川に身を投じ、橋姫として鎮座した話に仕立て上げている。この怪事件の後、美しい花嫁を駕籠《かご》に乗せた婚礼行列は、宇治橋を避けるようになった、との由来譚に結びつけて終わる。近世の地誌には、嫁入りの折に、橋姫の嫉妬を怖れて橋の上を避けて通った記述も見える（『出来斎京土産』等）。

橋姫の色彩感覚

橋姫が嫉妬の激情から鬼になった話は、『平家物語』剣の巻などに見える。嵯峨天皇の御代、ある公卿の娘が恋敵を取り殺すため、自分を鬼にしてほしいと貴船明神に祈る。明神は宇治川の瀬に三七日《さんしち》（二十一日）ひたすら身を浸せば鬼になれることを伝授した。祈願の際の女のいでたちは、まず長い髪の毛を五つに分けて松脂《まつやに》で固め、五本の角を振り立てながら顔に朱を塗り、体を丹《に》で染めて真っ赤な姿となる。さらに三本足の鉄輪《かなわ》を頭に載せ、そこに火のついた松明《たいまつ》をさし、口にも両端に火のついた松明を咥《くわ》えるといった凄まじい鬼女のありさまであった。この姿で、寝静まる京の大和大路を一気に走り抜ける。不運にもこれに遭遇して気絶しない者はなかった。やがて宇治の河原にいたり、貴船明神の教えのままに三七日の祈願を行い真の鬼に変じたという。全身を赤く塗りたくり、紅蓮の炎に照らし出された橋姫の姿は、荒ぶる女神の激情を象徴する色彩感覚に充ちたものであった。

この他、能の「鉄輪」では、夫に捨てられた女が貴船に丑《うし》の刻参りを行うストーリーに脚色されている。これを五寸釘を打つ呪詛の起源とする説もある。現在、貴船神社の入口にあたる叡山電車・貴船口駅の傍《かたわ》らに、鬼が頭の鉄輪を置いた「鉄輪掛け石」の旧跡が残るのは、能の筋立てに想を得た伝承であろう。

鬼《おに》火《び》

喜んだ顔よりも
感動した顔よりも、
驚いた顔が見たい

出身　京都市上京区上御霊竪町
居住地　上御霊神社付近
年齢　25歳
職業　たばこ屋の店番
趣味　人（特に子ども）を驚かすこと
好きなこと　ドッキリを企画すること　花火
嫌い・苦手なこと　自分が驚かされること
悩み　常連さんが張り合うようにドッキリを仕掛けてくること

悪戯好きなたばこ屋の青年

「うわあっっ！」たばこ屋から聞こえる声に、ご近所さんは「またか」と笑みをこぼす。声の主は、どうやらたばこ屋に来たお客さんだ。気の毒なことに目の前のびっくり箱に驚いて、しりもちをついてしまっている。それを嬉しそうに眺めるのは店番の鬼《き》頭燐《とうりん》。彼こそ鬼火である。

　祖父母（もちろん彼らも鬼火である）が営むたばこ屋の店番として、「りんちゃん」の愛称で人々から慕われている。誰かを驚かせることが何よりの喜びで、店を訪れた客や近所の子どもたちをいかに驚かすかが頭の中を占めている青年だ。たばこ屋を訪れた客に、商品の代わりにびっくり箱を渡したり、キャラクターや妖怪のお面をかぶって店先に出たり。初めての客は腰をぬかすこともしばしばだが、常連さんのなかには、今日はどんなドッキリを仕掛けてくるかと密かに楽しみにしている人も。「驚いた顔は好きだけど、おびえた顔は好きじゃない」と話す彼は、驚かしはするものの怖がらせることがないように気をつけている。ただし、たまに子どもに泣かれてしまい、苦情が入るのだとか。

　ちなみに、ホラー映画のように自分がびっくりすることは苦手。お化け屋敷に行く時は、逆に驚かせようと斜め上の努力をする。

鬼火

火の玉、人玉などと呼びならわされる怪火のこと。各地方ごとに別の名前があり、コッタイビ（岡山県）、イゲボ（三重県）などの呼称がある。

鬼火には死者の魂が炎となるものと、狐の仕業によるものの二種類があり、ともに民間伝承のなかに混在が見られる。また墓火のように、死者を葬った墓原にゆらめく鬼火は、この世に残った念が原因と考えられ、僧侶による供養を必要とした。鈴木正三の『因果物語』（寛文元年・一六六一）には、墓の火を鎮めた名僧の法力をめぐる説話が散見される。

一方、儒学者・山岡元隣《げんりん》は怪異否定の立場から『百物語評判』（貞享三年・一六八六）を著して、切腹した侍の墓から火が出るのは、人体の血が燃えるためであると合理的な説明を加えている。この世の中に説明できない不思議はないとする儒学の解釈が怪異のなぞ解きを行った事例と言えるだろう。

このほか、古戦場の火も戦死者の血が燃焼した結果とされたが、この場合は、鎮魂のための儀礼に発展するケースが少なくない。例えば、静岡県浜松市の「遠州大念仏」は、武田・徳川の間の三方ヶ原《みかたがはら》の戦いで没した士卒の鬼火を弔祭《ちょうさい》したことに始まる。真宗僧でもあった浅井了意は、怪異小説『狗張子《いぬはりこ》』（元禄五年・一六九二）に、三方ヶ原に鬼哭啾啾《きこくしゅうしゅう》の声をあげる武田軍の亡霊のありさまを記している。

人玉の怪談史

人玉の形と宙を飛ぶさまを書きとめた早い時期の資料に文禄五年（一五九六）の『義残後覚《ぎざんこうがく》』がある。戦国末期に豊臣秀吉の軍勢が越中（現富山県）の佐々《さっさ》成正《なりまさ》を攻めた時のこと。落城寸前の城中より無数の火の玉が飛び出す。翌日、幸いにも和睦《わぼく》が成り立ち、士卒の命が助かると再び多くの人玉が城の方角に還っていった。死を覚悟した数百の人魂が火となって飛ぶ様子が目撃されている。

もっとも、近世に入ると、そうした信じられる怪異としての人玉の民間信仰とは別の流れが見出されるようになる。創作怪談に描かれた人玉がそれである。特に江戸中期以降、怪談芝居の舞台に「焼酎火」と呼ばれた怪火の演出が登場し、幽霊出現の小道具になっていく。

怪異を作り出す都市文化の影響を受けて、鬼火を人工的にこしらえる舞台効果の工夫が観客の目を驚かせたわけである。さらに「怪異を楽しむ娯楽文化」の流れは、幕末期になって「お化け双六《すごろく》」「お化けかるた」という遊具の流行につながっていく。かるたの「人玉」は、燃える火の中に「心」の文字を描き込み、人間の怨念が炎と化す状態をわかりやすくビジュアル化している。

一橋齋艶長『お化けかるた』
国際日本文化研究センター蔵

以《い》津《つ》真《ま》天《で》

「いつまで放っておくんだい！」

出身	京都御所紫宸殿の屋根裏
居住地	京都市伏見区
年齢	60 歳
職業	清掃業者　ボランティア
趣味	ネイル（長い爪に細かな絵柄をほどこしている）
容姿	細くて柔軟な体　嘴のように尖った口
性格	おせっかい　短気でせっかち

おせっかいな街のお掃除屋さん

以津真天《いつまで》はタウンでも有名な掃除魔のおばちゃん。ごみが放置されていることに虫唾が走るようで、「いつまで放置しておくつもりだい」とぶつぶつ言いながらも日々ごみ拾いをしている。日中は清掃業者として、それ以外の時間はボランティアとして自発的にゴミを取り締まっている。この世で一番許せないことは、物が捨てられもせず放置され続けること。ポイ捨てする人を見かけたら呼びとめて、一日中ゴミ拾いに付き合わせて更生させてしまうほど。

彼女には「いつまで……」と話し始める癖がある。「いつまでそんなことしてるんだい！」「いつまで寝てるんだい！」、どうしてもおせっかいな言動ばかりしてしまう。夜道を歩く子どもには「いつまで出歩いてんだい。早く帰りな！」と呼びかけてくれる、ありがたい存在でもあるのだ。

夜が更けると拾ったごみを集めて自宅に持ち帰っているが、その大量のごみはどこに行くのだろう。尖った口から炎を出してごみを燃やしているという噂もあるが、真相は闇の中。

「いつまで、いつまで……」ごみを放置する人々に目を光らしながら、今日も街を練り歩く。

長い爪と掃除道具の羽根

以津真天

鳥山石燕《とりやませきえん》（一七一二～八八）の妖怪絵本『今昔続百鬼』のなかに描かれた怪鳥の妖怪である。頭は人間、鳥の胴体に鋭い爪をむき出しにして黒雲とともに現われる。妖怪絵本の詞書《ことばが》きには、「広有《ひろあり》、いつまで〳〵と鳴《なき》し怪鳥を射し事、太平記に委《くは》し」とあり、元々の出典が中世軍記の『太平記』であることを明らかにしている。『太平記』巻十二「広有射怪鳥事」によると、建武元年（一三三四）の京都は疫病が流行り、巷に死者が充ちていた。そのような不安な世相の中で、御所の紫宸殿《ししんでん》の上を夜毎《よごと》に怪鳥が飛び回り、「いつまで〳〵」と鳴いた。不吉な声に怖れおののいた朝廷は、「源頼政の鵺《ぬえ》退治」の故事にならい、弓の名手であった隠岐次郎広有に命じてこれを射殺。怪鳥の大きさは、翼の長さが一丈六尺（約5メートル）もある巨大なものであったという。

『太平記』のこの記事をもとにして石燕の妖怪絵本が作られ、この怪鳥に「以津真天」の名が与えら

以津真天　鳥山石燕『今昔続百鬼』
大英博物館蔵

れた。変体仮名の字母を原典の「いつまで」に当てたまでで（い＝以、つ＝津など）、漢字の字義は特にない。江戸中期の時代は、博物学の流行もあって、妖怪の名づけが好まれた。石燕の画図百鬼シリーズもまた、正体の定かでない化け物に「以津真天」の妖怪名を付与することで、その存在を絵本の図像とともに明らかにしたと言えるだろう。

現代マンガと「いつまで」

『太平記』がただ単に「怪鳥」と記した妖怪に固有の名前を与えた生みの親が石燕だとすれば、なぜ「いつまで」と叫ぶのか、その理由を初めて明かしたのは、妖怪漫画家の元祖・水木しげる（一九二二〜二〇一五）であった。すなわち水木の『図説日本妖怪大全』（一九九四、講談社）は、戦乱や飢餓で死んだ屍をそのまま放置しておくと、この怪鳥が遺体の近くにとまり、「死骸をいつまで放っておくのか」と責めたてる。それが「いつまで、いつまで」の鳴き声の意味であるとする。

第二次世界大戦のさなかに一兵士として南方のニューギニア戦線に送られた水木は、片手を失う瀕死の重傷を負いながら激戦を生き延びる。その時の強烈な体験は、のちに『総員玉砕せよ』（一九七三）をはじめとする戦記マンガに事細かに描かれることになった。敵の銃弾に斃《たお》れ、飢餓に苦しみながらこの世を去った兵卒たちの最後のありさま――。死屍累々の悲惨な戦場を目の当たりにした漫画家の体験は、中世以来の怪鳥の叫びに、激戦地の南の島に取り残された屍の慟哭といった軍国時代の生々しい記憶を投影させたものかもしれない。

妖怪の意味と解釈は、時代の世相と絶えず連動し、左右されるものである。

朧《おぼろ》車《ぐるま》

どうか安全運転を。
どうしても煽りたくなる運転手

出身　京都市上京区
居住地　京都府木津川市
職業　バス運転手
年齢　65歳
趣味　レーシングゲーム
好きな食べ物　サラダ
特に仲の良い友人　片輪車　輪入道
座右の銘　急がば回らない
日課　夜のドライブ
悩み　存在感が薄いこと

運転席にも、視線ください

車折朧《くるまざきおぼろ》は、京都府木津川市で働くバス運転手だ。市民のため粉骨砕身働き続け、はや40数年。今年で定年を迎えるが、まだまだ運転手は続けていくつもりらしい。日々市民の足として大活躍しているのだが、あまりにも影が薄いため市民に認識されていないことを悲しく思っている。果ては同僚にまで、「透明人間」という不名誉なあだ名をつけられる始末。しかし彼の温厚な性格が、実は周りから慕われていることに彼自身は気づいていない。

非常に真面目な一方で、ちょっと危ない性格も持ち合わせているのが玉に瑕《きず》だ。勤務中には決してその様子を見せないが、前の車がゆっくりと運転していると、イライラしてつい追い越したり煽ったりしたくなるそうだ。市民の命を預かる身で煽り運転するべからずと気持ちを鎮め、日々の鬱憤はもっぱら休日のレーシングゲームで解消している。

レーシングゲームで解除した実績

- 煽り運転の申し子
- 唯我独尊の走り屋
- インビジブルレーサー
- ミッドナイトドライバー
- 永遠のライバル

※「実績」とはPCゲームの進行状況によってもらえる称号

朧車

これもまた鳥山石燕の妖怪絵本『今昔百鬼拾遺』（安永十年・一七八〇）に載る牛車の姿の妖怪である。「片輪車」「輪入道」と同じく車輪のある乗り物にまつわる化け物の仲間で、江戸時代の民間伝承に語られた「片輪車」（▼九二ページ）が元々の原型と見てよい。石燕の想像力と潤色をへて、妖怪絵本の世界に登場した創作怪談の一つであろう。

ただし、「朧車」の場合は、完全なオリジナルの妖怪というよりも、平安文学の名作『源氏物語』葵の巻の「車争い」の場面に素材を得たものと言えるだろう。それは、今日、京都三大祭りに数えられる葵祭（賀茂の祭り）の日に起こった事件を描いた一場面であった。光源氏の正妻である「葵の上」は、牛車に乗って祭礼見物に出かけた。やはりその場に来ていた光源氏の愛人「六条御息所《みやすんどころ》」と鉢合わせになって互いに車を止める場所の取り合いになる。強引に立ち退かされた御息所は、葵の上を気遣う光源氏の態度を目前にして深く傷つき、怨みの念を抱く。このことが原因となり、葵の上は御息所の生霊のために命を落とす。御息所は死後も怨霊となって紫の上、女三宮といった光源氏にかかわる女性に次々と襲いかかる。

朧車は、そのような平安古典の物語世界に描かれた嫉妬の鬼の怪異を妖怪絵本の図像として形象化したものであり、いわば古典妖怪といってよい性格の化け物である。ことに能の「葵の上」に演じられた御息所の生霊、死霊の祟りは江戸怪談の重要な素材となっていた。

『源氏物語』と江戸の怪談芝居

古典文学の最高峰とされた『源氏物語』が庶民の目に触れるようになるのは、実は江戸時代のことであった。十七世紀の絵入り木版本の出版はこの物語の普及をもたらしたが、その一方で演劇の世界においても、『源氏物語』による作品が大いに評判を取っていた。江戸、大坂、京都を中心に隆盛した人形浄瑠璃・歌舞伎の舞台もまた、古典の普及に一役買っていたわけである。ことに十七世紀の半ばに流行した古浄瑠璃の演目には、しばしば葵の上と六条御息所の確執、怨恨と怨霊発動の怪異場面が脚色されて、芝居小屋に集まる観客の喝さいを浴びていた。

例えば宇治《うじ》加賀掾《かがのじょう》の「あふひのうへ」は、御息所の嫉妬と呪詛を作品の中心に据え、貴船神社に丑の刻参りをして呪いの五寸釘を打つ御息所の狂態に工夫を施す演出が見せ場となっている。恨みに充ちた御息所の行いを「うはなりうちの御ふるまひ」と表現したのは、平安古典に見える「後妻《うわなり》打《う》ち」の風習を踏まえながら、江戸の民衆の好みに合わせて女同士の恋争いに転じた演出と言える。「後妻打ち」とは、一人の男をめぐる前妻・後妻の葛藤を言い表わす平安以来の用語であり、貴族社会に根づいた観念を庶民層の恋愛観に読みかえたところに、古典世界を翻案した浄瑠璃芝居の魅力があったのである。『源氏物語』の怨霊譚は、江戸の民衆にとって身近なテーマであったと見てよい。石燕の「朧車」もその一つに他ならない。

衣《ころも》蛸《たこ》

満員御礼！
すもぐりおしえます

出身　京都府京丹後市
居住地　京丹後市琴引浜
年齢　30歳
職業　水族館のスタッフ　兼　海の家経営者
好きな食べ物　貝の浜焼き
時間の潰し方　浜辺を散歩する
座右の銘　海は広いな楽しいな

海よ♪　ぼくの海よ〜♪

衣蛸は海が大好き。普段は水族館のスタッフとして働いているが、海を愛するあまり、夏の間は琴引《ことひき》浜《はま》で海の家を経営している。「海は広いな楽しいな」をモットーに、たくさんの人に海の魅力を伝えるため奔走する毎日だ。１３０センチという低身長ながら、彼の広く、頼れる背中に惹かれる人も多く、彼が開催するマリンイベントはいつも評判が良い。特に素潜り教室は大人気で、予約を取るのも一苦労だそう。海の家はグルメも絶品で、特に貝の浜焼きは地元民が口を揃えて絶賛する。彼が漁に出て獲ってくる貝はとびきり新鮮。海の恵みを存分に味わえるだろう。

そんな毎夏大人気の海の家だが、近年浜にまるで山のように大きな蛸が現れ、船を転覆させてしまうという噂がささやかれている。しかし、無人の船ばかり転覆するのは、不幸中の幸いといえよう。そんな肝心な時に限って衣蛸の姿が見えないのだが、どこに行っているのだろうか……？

衣蛸のとある一日

03:30	起床、出勤
04:00	出港（船上で朝食）
08:00	帰港
08:30	食品の仕入れ
09:30	営業準備
10:00	開店
14:00	素潜り教室
16:00	食堂業務
19:00	閉店、片づけ
21:00	浜辺でリラックス
21:30	帰宅、就寝

衣蛸

船を襲う海の妖怪。普段は小さな蛸と変わらず、貝の中に入って海中をただようが、船が近づくと体を衣のように広げて巨大化し、海の底に引き込んでしまう。出没の場所は、主に京都府北部の丹後半島の近海という。すなわち愚軒編の説話集『義残後《ぎざんこう》覚《がく》』（文禄五年・一五九六）巻四に「大蛸の事」と題する丹後の国の奇談が見える。六月のある日、土地の名所として知られた海辺の松の木に、山から下りて来た大蛇が巻きついて甲羅干しをしていた。すると海中より大きな蛸が現れ出て、波に乗って断崖をよじ登り、八つの手をひろげて蛇を取ろうとした。蛇の方も蛸を丸呑みする勢いで、しばしの間互いに争う。やがて八本の手の力が勝ったのか、蛸は蛇を松の大木と一緒に水に引きずり込んでしまった。その後残った松の根から若枝が出て、今は元の通りの巨木に茂っている。愚軒はこの話に関連して、昔から丹後では海上の舟が「あやかし」に魅入られて少しも先へ進まなくなる妖異を取り上げ、これも与謝《よさ》の海の大蛸の仕業に違いないと噂する、地元の者の話を書きとめている。

　これらの話の断片をつなぎ合わせて考えてみるならば、戦国末期にさかのぼる時代より、丹後地方の海域に、大蛇を引き込むほどの大蛸の怪異が伝承され、漁師や船乗りたちは「あやかし」の難を避けるように心がけていたものと考えられる。

他の地方においても、蛸は霊力を持つものと信じられていた。香川県の天津《あまつ》神社には、大蛸を釣った漁師が変死したため、祟りを恐れて奉納された蛸の絵が伝わる（『香川県史』民俗）。人間が支配しきれない大海原の自然に対する畏怖が、いつしか大蛸の民間伝承を生んだのであろう。海の信仰と深くかかわる大蛸の性質には、自然神の化身としての側面も混在しているのかもしれない。

なお、蛇と蛸の争いを含めて、江戸の怪異小説に翻案された大蛸の奇談は一、二にとどまらない。延宝五年（一六七七）刊行の『宿直草《とのいくさ》』（別名『御伽《おとぎ》物語』）巻五の六「蛸も恐ろしき物なる事」では、摂津《せっつ》御影《みかげ》の浜辺にさらされた刑死者に毎晩寄り添う僧侶が、実は屍を食べに来た蛸であった話に続けて、丹後の浦で目撃された蛸と蛇の闘いを描く。また、地方奇談集の『佐渡怪談藻塩草《もしおぐさ》』には、海に入った蛇が蛸に変化する不思議な現象も記されている。蛸にまつわる珍奇な民間伝承と、それらをアレンジした江戸怪談の両面から、衣蛸の奇談が世俗に流伝していったことがうかがえる。

『宿直種（草）』大洲市立図書館蔵

河童《かっぱ》

「相撲しないか？
どうしても戦いたいッパ」

出身	京都市左京区の山奥
居住地	賀茂川付近のアパート
年齢	30歳
職業	サラリーマン（営業職）
趣味	相撲
特技	水泳
好物	胡瓜の塩漬け　もろきゅう

こぼされた水はウソをつかない

彼は、深泥池《みどろがいけ》近くのオフィスに勤める会社員。童顔で背が低く、三白眼とおかっぱの髪型が特徴である。岩手県遠野市や長野県の上高地に親類がおり、長期休暇明けには「か〇めの玉子」や「み〇ゞ飴」を手渡すマメな奴だが、相撲や仕事のことになると目の色が変わる。

幼少期の夢は、世界一の大力士。中学～高校時代に所属した相撲部では将来を嘱望されていた。周囲の期待をその背にインターハイに出場するも、皿の水がこぼれたためにあえなく敗退。30歳となった現在もかつての夢が諦めきれず、社会人相撲サークルに所属している。勤め先では、会社という大組織のパワーゲームのなかで、不条理と闘う毎日だ。「正義ある仕事」を心がけるなかで脳裏によぎるのは、やはりインターハイでの敗戦。「決して逃げない」ことは相撲から学んだはずだ。そうして毎朝自身を律し、オフィスへ出勤している。

泳ぎが得意で、賀茂川に行けば高確率で泳いでいる姿を見かける。しかし、絶対に川に近づいてはならない。泳ぐ彼と目が合ったら最後、異様な力で川に引き摺り込まれるという噂が流れているからだ。

怖いものランキング

1位　左甚五郎

逆らえない。人や馬の尻を追わざるを得なくなったのは全部この人のせい。

2位　頭の皿の危機

割れたら命が危険だし、水が抜けたら戦闘不能。これぱかりはどうしようもない……。

3位　猿

あいつら哺乳類のくせに俺より潜れるの、マジなんなん。

河童

河川、沼などの水底に棲み、人や牛馬を害する妖怪。伝承地はほぼ全国におよび、地方によってガラッパ、ガアタロ、ガス、スイテングウなどさまざまな呼び名がある。今日では、マンガから日本酒のコマーシャルまで幅広く河童をモチーフとしたキャラクターが存在し、もっともよく知られた妖怪の一つとなっている。

一般に知られた河童の特徴は、子どもくらいの背丈で頭の上に皿があり、甲羅と水かきのある亀のような体つきで、水生動物の特性に似ている。相撲を好み、人間の尻子玉を引き抜いたり、牛馬を水に引き込んだりする。神の落ちぶれたものと考える見方もあり、水の神を祀る祇園信仰との共通性が見られるともいう。すなわちキュウリが好物だとするのは、祇園の神紋の「瓜」に共通し、相撲好きについても神事としての相撲の在り方を思わせる。左右の手の片方を引くと片方が縮む特徴にしても、水神の祭礼に供えられる藁《わら》人形の構造と類似する。河童を零落《れいらく》神（落ちぶれた神）の一つと考える柳田国男の指摘は、そのような形態、性癖の背景に絡めた推論であった。

中世から近世の河童伝説は、猿のイメージで語られることもあった。ポルトガルの宣教師が編纂した『日葡《にっぽ》辞書』（慶長八年・一六〇三）には、猿に似た異獣として紹介されている。中国の水虎との関連に言及するものもあり、河童の正体をめぐるさまざまな説が近世を通じて知識人によって指摘された。とりわけ江戸後期には、本草学（博物学）からの興味によって河童とは何かを究明する言説が諸説粉粉《しょせつふんぷん》の様相を見せ、古賀侗庵の『水虎考略』（文政三年・一八二〇）などの考証の書が編纂された。

ひるがえって民話の世界には、いたずら者の河童が武士に腕を斬られて詫び状と一緒に刀傷に効く膏薬を献上した話が、諸地方に散見される。河童膏の由来として河童の詫び状が土地の名家や寺院の宝物になった事例は枚挙にいとまがないだろう。

河童を祀る寺社としては、東京都台東区の曹源寺の河童大明神に見るように、御利益をもたらす守護神の性格を帯びている。本来移住に適さない曹源寺周辺の湿地を開拓するにあたって、沼の河童が人間の味方になって干拓の手助けをしたという。善神の側面を示す縁起と見てよいだろう。

河童の地域性

各地の河童伝説には、その土地の風土と結びついたものが少なくない。例えば海に囲まれた長崎県対馬の港周辺では、霧の朝、漁師の舟に人のような声で呼びかけるいたずら好きの海河童の奇談が伝承されている。川や沼の水精とは限らない、河童の多様性がうかがえる事例である。

また『遠野物語』で知られる岩手県遠野地方の赤河童は、間引かれ川に流された嬰児《えいじ》の霊魂が水精化したものという。冷害に悩む地域の悲しい口減らしの習俗を背景とする河童伝説のバリエーションが見える。また、東北地方には、人知れず忍んで来る男と交わった女性が子を産み、その子が河童の子であったとわかる伝説もある（『旅と伝説』一九三〇）。産育や性愛の民俗と河童のかかわりを示唆する事例である。

地域の信仰と結びついた特殊な事例として、長崎県生月《いきつき》に伝承された隠れキリシタンの河童封じが挙げられる。キリスト教の禁教時代に、地域の隠れ信徒は宣教師が残した「オラショ」の呪文を密かに唱えて日々の信仰生活に生かしたという。その呪文のなかに、牛馬に害をなす河童に対応するオラショも含まれており、日本化したキリスト教の在り方がうかがえる。河童の怪異とキリシタンの結びつきは、家畜の尻子玉を取るという河童の駒引き譚の幅広い流布を意味していて、実に興味深い。

なお京都周辺の事例としては、京都市左京区を水源に琵琶湖へと流れる安曇川《あどがわ》流域のシコブチ伝説（思古渕、思子渕）が思い浮かぶ。川の合流点などに祀られた七つの社《やしろ》はいずれもガワタロウ伝説をともなう。林業の盛んな地域では、山の木を組んだ筏《いかだ》を操る人々の間に水神への畏敬があり、シコブチさまの祭祀が盛んに行われたのである。職業神の側面を見せる河童伝説と言えるだろう。

現代のキャラクターとして

長い伝統を持った河童伝説は近代以降、画家のモチーフや商品のデザインに用いられて、はるかに大衆化した存在となった。農村風景を描いた近代画家・小川芋銭《おがわうせん》（一八六八〜一九三八）は、「河童の芋銭」とも呼ばれ、茨城県牛久沼《うしくぬま》のほとりに居を構えて生涯河童の絵を描いた。ユーモラスな芋銭の画風により、河童は怖い存在から大衆好みの可愛らしいマスコット的な物へ変容したと言えるだろう。

芋銭の『河童百図』の影響を受けた漫画家に長崎出身の清水崑《しみずこん》（一九一二〜七四）がいた。昭和二十四年、火野葦平《ひのあしへい》の小説『河童』の装丁画を頼まれた清水は、芋銭の河童図を参考に水墨画調のキャラクターを描いてマンガ版の河童イメージを完成させた。それが評判となり、昭和二十六年から児童マンガ『かっぱ川太郎』の連載が始まる。『かっぱ川太郎』はNHKドラマにもなり庶民の河童熱を盛り上げることになった。この動きは、「かっぱえびせん」などの商品パッケージに清水の河童を用いることにつながり、河童キャラクターと商品の結合を加速させることになった。やがてそれは、今も知られる黄桜酒造の河童CMへと展開していく。京都・黄桜酒造の二代目社長・松本司朗は、『週刊朝日』連載中の「かっぱ天国」に目を付け、親しみやすい酒「黄桜」の商品イメージに河童の家族団らんを起用するのであった。

民俗社会や江戸の妖怪画とはイメージの異なる民衆好みの河童像が登場し、「カッパッパー　ルンパッパー」というCMソングとともに今日にいたっている。

河童のイラストが描かれた自動販売機
大阪府・2024 年撮影

2章

未の刻〜酉の刻

日中は彼らに出会わないと思ったら大違い。14時頃から19時頃まで、照りつける太陽のもと活動する妖怪たち。

ぬらりひょん

「隠居してぇ……」

伝説のスーツアクター！

出身　不明
移住地　京都市中京区西ノ京栂尾町
年齢　50代前半
職業　スーツアクター
趣味　ルームツアーを見ること　DIY
好き　子ども　家具
嫌い　着ぐるみの頭を取ろうとしてくる同業者
最近の出来事　自分の担当している着ぐるみが園内人気一位になった

憑依するおしごと道

「ひょんさん」。その呼び名は着ぐるみの中の人なら誰もが聞いたことのある名前だろう。「ひょんさん」は、スーツアクターには珍しくフリーランス、かつ依頼件数業界一位。〝中の人〟界隈のスターである。仕事の依頼をすると当日どこからともなく現れるという彼の人気の理由は、簡単な打ち合わせさえあれば顧客の依頼に完璧に応える形でキャラクターを演じてくれること。さらには、激しいダンスをともなうショー形式のものや写真撮影会など幅広いイベントに対応できることもその一因だろう。

その実態は謎に包まれており、事前打ち合わせはSNSのDMで完結。ショー形式のイベントを依頼する際には練習内容の動画を送れば完璧に仕上げてくるという。引き受ける着ぐるみのサイズから身長は150センチ前後だろうと噂されていて、どれほどお願いしても決して平日の仕事は引き受けないと言われている。以前彼と対談したライターによると「着ぐるみを着たままでしたが、気さくな人でしたよ。ただ、忙しくて趣味に割く時間がないとぼやいていましたね」とのこと。

余談だが、とある遊園地で平日だけシフトに入るスタッフがいる。チケット捌《さば》きから混雑した列の整理、アトラクションの点検までなんでもござれ。彼がいると驚くほど仕事が楽になるので、アルバイト全員がそのスタッフの時給を上げてやるべきだと思っている。しかし、園長だけはそんなスタッフいただろうか？　と常々首をかしげているそうだ。

ぬらりひょん

鳥山石燕の『画図百鬼夜行』（安永五年・一七七六）などの妖怪絵本に登場する禿《は》げ頭の老人で、袈裟《けさ》や羽織を身につけた姿で現れる。「妖怪の総大将」とされたのは、どうやら近代以降の創作によるところが大きく、元来は掴みどころのない正体不明の妖怪であったものと考えられる。江戸時代の浮世草子『好色敗毒散《こうしょくばいどくさん》』（元禄十六年・一七〇三）の用語例を見ると、「その形ぬらりひょんとして、例えば鯰《なまず》に目口もないもの」といった表現が見受けられる。当時の言葉で、のっぺら坊のようにぬるりとした化け物の意を持っていたことが推測できる。平川林木の「山陽の妖怪」（『自然と文化』一九八四）に載る岡山県の伝説では、瀬戸内海に出没する海坊主の類を「ぬらりひょん」と呼び、人間の頭ほどの球形の怪物が浮き沈みを繰り返して、捕らえようとする者をからかうという。「ぬらり」とすり抜け「ひょん」と浮き上がる動きを表す呼び名と考えられていた。

正体不明の妖怪という点では、江戸期の東北地方を旅した本草学者・菅江真澄の著作にも「ぬらりひょん」の名前が見える。すなわち文化十一年（一八一四）の『雪の出羽路』の中で、道祖神を祀った神坂（現秋田県湯沢市稲庭）を越える時に遭遇する不思議な現象を記して、「男は女に逢ひ女は男に行き逢ふ」怪異とともに、「ぬらりひょん」などの百鬼夜行を挙げている。この坂道を俗に「化物坂」というようになるのは、正体不明の異形の集まる場所を意味している。

変容する妖怪

ぬらりひょんの姿かたちに関しては、江戸時代の俗語辞書『俚言集覧《りげんしゅうらん》』に室町期の絵師「古法眼元信」が描いた化け物画にぬらりひょんの絵があると記載するものの、画像そのものは載っていない。一方、江戸中期の画家・佐脇嵩之の『百怪図巻』(元文二年・一七三七)は、ぬらりひょんを視覚化した早い時期の資料であった。そこに描き出された僧形の袈裟姿は、古寺に棲みついた妖魔の姿かたちを連想させる。

さて、昭和から平成に時代が移り変わるにつれて、江戸時代までとは性格の異なるぬらりひょんが主に妖怪マンガの世界に現れる。どこからともなく家の中に入り込んで茶を飲み、タバコをふかして自分の家のようにふるまう。さらには妖怪の総大将とされるぬらりひょんの格付けは、水木しげるをはじめとする妖怪漫画家たちの諸作に描かれて世の中に広まっていった。その出所は、どうやら藤沢衛彦の『妖怪画談全集　日本篇』(一九二七)にあるようだ。そこでは、この妖怪を紹介して「まだ宵の口の燈影にぬらりひょんと訪問する怪物の親玉」としている。古い民俗文化が新時代の妖怪キャラクターに変遷するプロセスを示唆する一節と言えるだろう。

現代の妖怪創作の作品群のなかにあって、古い妖怪の掴みどころのなさが、かえって新たな想像力で別のキャラクターを生み出す様子が見出される。妖怪は今も進化し続けているのである。

酒《しゅ》呑《てん》童《どう》子《じ》

頼れる兄貴分、お酒で大失敗！
足を洗った大悪党の再就職先とは……

出身	大江山
居住地	京都市西京区大枝沓掛町
年齢	40代
職業	整体師
苦手な物	お酒　刃物

カラダの不調、お任せください

京都市西京区。市内から亀岡へと抜ける国道9号線沿いの山間に、ひっそりと佇む整骨院「大江整骨院」。謳い文句は「頭痛・肩こり・首の悩みに」。

院長は気のいいオヤジ。ガタイがよく、筋肉質で太い腕には古い刀傷のような跡が。よく見ると首にも古い傷跡があるようだ。その筋肉質な太い腕から繰り出す繊細なテクニックで、多くの常連客を喜ばせ、時には人間以外の客も訪れるという。

昔は札付きのワルだった院長、酒豪として名を馳せていたそうだが、ある事件のトラウマが原因で現在はお酒の匂いを嗅ぐだけで気持ち悪くなるレベルの下戸である。店の裏方秘書的存在、茨木童子《いばらきどうじ》（▼四六ページ）との関係や如何《いか》に。

お酒以外の弱点は重度の尖端恐怖症。尖《とが》った針がとにかく苦手で、かねてより目指していた鍼灸師《しんきゅうし》の国家試験に落ちてしまったとか。

茨木童子に散髪された酒呑童子

鍼灸師結果通知書

結果通知書　鍼灸師国家試験
氏名：大江伊吹　様
結果：不合格
通知結果の理由
知識・技術内容の理解を問う筆記問題は満点である。しかし、実技試験に於いて、針に対する極度の拒絶反応が見られ、首を掻きむしるなど重症のパニック状態に陥ったため、鍼灸師としての技能者には不的確と判断された。

※証明書の仕様は、実際の試験の物とは異なります

酒呑童子

丹波の大江山に棲みついて都の娘をさらう鬼の頭目。源頼光《よりみつ》と四天王の侍によって滅ぼされる。十四世紀後半の『大江山絵詞《えことば》』の伝存から、それ以前に原型となる話が成立していたものと見られる。室町期の御伽草子《おとぎぞうし》、謡曲《ようきょく》や、近世初頭の古浄瑠璃に脚色されて一般に知られるようになった。大酒におぼれて寝入ったところを頼光らに討ち取られる。酒の好きな鬼にちなんで「酒呑童子」という。

山の奥に蟠踞《ばんきょ》する鬼神を平らげる類話は、他にも近江伊吹山《いぶきやま》の伊吹童子伝説などが知られている。中世の口承文芸に流伝した山中異常出生譚の一つ「捨て童子」が原型となって、各地方の鬼神退治説話を生み出したとも言われ、シュテン（酒呑）＝捨て童子との解釈がある。

酒呑童子伝説の伝承地について言えば、謡曲の「大江山」は鬼の棲処《すみか》を都に近い「老いの坂」（現京都市西京区）とするが、御伽草子の方は、丹波～丹後の境にある千丈ケ嶽《せんじょうがたけ》の大江山を舞台とする。山城《やましろ》国の外縁に位置する老いの坂は、王城の平安を祈念し、災厄の侵入を防除する四角四境の祭の聖域であり、鬼神伝説にふさわしい場所と考えられる。今日、国道沿いのトンネル脇には酒呑童子の首を埋めたという首塚大明神が鎮座し、鬼神伝承の史跡となっている。

一方、御伽草子を媒体として丹波の大江山がこの話の伝承地とみなされるに従い、千丈ケ嶽麓の山中には童子の屋敷跡、鬼の足跡、女たちに血染めの衣を洗わせた洗濯岩などの伝説碑が散在するようになった。土地の口碑が民衆レベルで浸透した背景には、大江山山中の街道沿いに店を構えた「鬼が茶屋」の宣伝活動も影響をおよぼしていたものと思われる。近世後期の鬼が茶屋は、丹波丹後を往還する旅人を相手に伝説の大要を記した簡易版の絵入り略縁起（伝説パンフレット）を制作、配布してこの話の流伝に一役買っていた。十八世紀以降、このような活字メディアを介して大江山は酒呑童子伝説の中心地となっていった。すでに文芸作品や芝居の頼光武勇伝により、酒呑童子の名を知っていた都市の人々にとって、地元の口碑伝承に富む略縁起は、いまだ見ぬ鬼伝説の地へといざなう有効な情報ツールとなった。

丹後の鬼伝説を歩く

もっとも、大江山の鬼退治は、その原風景ともいうべき古代の神話世界を下敷きにしたものであった。第三十一代用明天皇の御代、丹後国に隠れ住んで朝廷に弓を引く鬼賊鎮圧のため、皇子のなかから特に武勇の誉れ高い麻呂子《まろこ》親王が選ばれて討伐の勅命が下った。親王は七仏薬師や天照大神の加護を得て見事鬼神を平らげ、この地に清園寺ほか七つの薬師如来の寺院を建立し、王権の安穏を祈願したという。清園寺には、室町期の作とされる縁起絵巻が伝存し、麻呂子親王の鬼退治の顛末を今に伝える。また、丹後半島北端の間人《たいざ》には、鬼を封じ込めた立岩やその御霊を鎮める鬼神塚があり、外来者には見せることのない秘密の鬼祭りが行われている。これらの伝承は頼光鬼退治伝説のまさしく原像と言えるだろう。

茨《いばら》木《き》童《どう》子《じ》

多方面からひっぱりだこの敏腕秘書

出身	大阪府茨木市水尾（旧摂津国水尾村）
居住地	京都市上京区一条戻り橋付近
年齢	33 歳
職業	秘書
好き	酒呑童子
嫌い	渡辺姓の人　酒呑童子に害をなすもの
特技	剣道　散髪

酒呑童子の人生をサポートしたい

ストレートの長い黒髪と犬歯が特徴的な性別未詳の美形。酒呑童子（▼四二頁）の秘書として働いている。性格はいたって勤勉。些細なミスも必ず自分で取り返すほどに責任感が強い。その人柄とソツのない仕事ぶりによって、常にあちこちの職場からのスカウトが絶えないという噂。

実家は大阪府南茨木駅付近の美容院。幼少期はよく家の手伝いをしていたため、散髪も得意。

美しい長髪は、彼の美意識の表れだろう。老若男女問わずモテモテだが、本人は酒呑童子以外眼中にないため、いまだに恋人がいない。酒が苦手な酒呑童子のため、自身も彼の前では禁酒を徹底しているという献身ぶり。

酒呑童子とは学生時代からの知り合いで、有名な不良グループのリーダーであった彼とともに暴れまわっていた過去がある。グループを立ち去るきっかけとなった事件にはどうやら「渡辺」という人物との抗争が関係しているようだが、二人ともかたく口を閉ざすため真相は謎である。

幼少期の茨木童子

敏腕秘書のヒミツ

実は大酒家である。好物はラム酒入りのチョコレート。酒呑童子に隠れてひっそりと晩酌することもあるらしい。ハイボールやビールのみならず、高級ワインもよく飲んでいるとか。

茨木童子

江戸時代中期の史書『前太平記』に登場する鬼神。大江山の酒呑童子の配下ということになっている。酒呑童子の命を受けて都に上り、羅城門《らじょうもん》（または一条戻り橋）で頼光《らいこう》四天王の一人渡辺綱《わたなべのつな》に片腕を切り落とされる。後日、叔母に化けて綱の屋敷を訪れ、腕を取り返す。元々鬼の腕を斬る綱の話は、『平家物語』剣の巻や能の「羅生門」に描かれていた。それらの説話をもとに同様の話を茨木童子のエピソードに仕立てたのは、『前太平記』以前には見られず、同書の創作であろう。

『前太平記』は平安中期の朝廷と清和源氏にまつわる事件、出来事を記した通俗史書である。成立年については不明だが、十七世紀後半には普及版の木版本が市井《しせい》に出回っており、江戸の庶民層によく知られた「歴史」の教養書として流布したものであった。そこには源頼光の酒呑童子退治をはじめ、一条戻り橋の鬼伝説などの妖怪譚も含まれており、正統な歴史というよりも、物語性の濃い王朝時代の故事逸話が取り上げられていた。

そのような性格から、『前太平記』は、当時の歌舞伎芝居に多くの素材を提供するところとなった。茨木童子の伝説の場合も、『前太平記』に材を得て『兵四阿屋造《つわものあずまやづくり》』などの舞踏劇が創作されている。

本作は寛保三年（一七四一）江戸中村座の『潤清《うるおい》

和源氏』の一シーンに挿入されたもので、市川團十郎の渡辺綱、海老蔵の綱叔母（実は鬼）が舞台せましと乱舞し、芝居好きの評判となった。幕末から明治にかけては、本作の改作である長唄の「綱館《つなやかた》」が明治二年（一八六九）に上演され、茨木童子を主役とする鬼の腕の物語が世の中に定着していく。そこには主君・酒呑童子を討ち取られた復讐の要素が加わり、忠臣としての茨子童子の性格が強調されている。後世の口碑には酒呑童子の恋人とするものもあって、人情味あるキャラクターに読み変える流れがうかがえる。

大阪府茨木市の伝説

現在、大阪府茨木市の中心街には、茨木童子のキャラクター像が設置されている。土地の言い伝えによれば、童子は同所水尾村の出身という。歯の生え揃った異形の赤子として産まれたため、隣接する茨木村の九頭神の森（現新庄町）に捨てられた。在所の髪結い床屋に拾われ、髪結いになるが、誤って客の顔を切り人間の血の味を覚える。それからというもの、わざと客を傷つけて血をなめるようになる。かかる悪行が童子を鬼に変え、もはや人間界に居られなくなった茨木童子は、大江山に逃亡して酒呑童子の手下となったという。茨木市には、このほか童子が鬼になった自分の姿を水面に映して人ならざるものであることを確認したという「茨木童子貌《すがた》見《み》橋」の石碑が残る。

なお童子の生まれた場所を摂津の富松の里（現兵庫県尼崎市）とし、茨木の里に産着のまま捨てられたとする伝承も伝わる（『摂陽群談』等）。捨てられた子ども（捨て童子）が鬼と化すというのは、酒呑童子の伝承と類似する。

お歯《は》黒《ぐろ》婆《ばば》

お歯黒院長は
動画作成中

- **出身** 京都市北区大徳寺町
- **居住地** 大徳寺近辺
- **年齢** 65歳
- **職業** 歯科医
- **好きな食べ物** 海苔巻き
- **最近はまっていること** メイク動画を見ること
- **目標** 200歳まで生きて、お歯黒文化を作ること
- **座右の銘** 独立独歩
- **悩み事** 歯科医院に来た子どもたちが口の中を覗いて泣いてしまうこと

すべてはお歯黒文化普及のために

京都市北区・大徳寺近くにある「鉄漿《かね》歯科医院」。ここの院長は少し変わったお婆さん、というのも、この令和の時代にお歯黒をしているのだ。「お歯黒は女の命！　お歯黒してたら虫歯になんかならないよ！」（院長談）。患者にも熱心にお歯黒を薦めるけれど、ことごとく断られてしまう。さらには子どもたちから「こわい！」と泣かれる始末。決して怖がらせたいわけではないものの、お歯黒をやめるという選択肢はなく、ひとまず優しく話すことを心がけているのだそう。

この頃は患者に「すごくない？」と紹介されたメイク動画にドはまり中。メイクによってみるみるうちに見た目が変わるさまに感動したのだそう。「メイクとしてのお歯黒を発信すれば、みんなもお歯黒を取り入れやすくなるのでは？」と言って、メイク動画を見ながら、お歯黒を取り入れたトータルメイクを研究する日々。「お歯黒メイク動画」が見られる日も近いかも……？

ホワイトニングはもう
古い!?
現役歯科医が教える！
【おはぐろメイク】ホワイトニングはもう古い!?
おはぐろ使って斬新メイク！
鉄漿（かね）歯科医院長チャンネル　65回視聴　1ヶ月前

お歯黒婆

　京都・大徳寺の門前の松林に住む狸《たぬき》が化けた妖怪と言われている。夜も更《ふ》けた頃、お歯黒道具を用意して度の過ぎた化粧の姿で通行人を驚かす。ある時、一人の按摩が、好物の入った袋を使って狸を捕まえ、その正体が暴かれる。大正九年の『郷土趣味』によれば、幕末の嘉永年間（一八四八〜五四）に京都で起こった出来事という。同様の妖怪伝承は、岐阜県谷汲《たにぐみ》村の言い伝えにも見られ、「ついたか、見てくろ」といっておどかす鉄漿《おはぐろ》をつけた化け物の類例がある（『民俗採訪』一九七一）。

　お歯黒と妖怪を結びつけるものとしては、江戸時代の絵師・竹原春泉斎《しゅんせんさい》の『絵本百物語』（天保十二年・一八四二）に載る「お歯黒べったり」がある。古い社《やしろ》の前にぬかずく女に声をかけると、目も鼻もない顔を見せ、お歯黒の大きな口でげらげら笑う不気味な妖怪である。絵に添えられた本文の説明に、東国ではこれを「のっぺらぽう」と呼び、狐狸の化けたものであるとする。幕末の京都や江戸において、狐

歯黒べったり
竹原春泉斎『絵本百物語』

狸の怪異の一つに、鉄漿をつけた妖婦の出没が語られていたことがわかる。

お歯黒と怪談

お歯黒は「鉄漿付け《かねつ》」とも言い、鉄を溶かした酢《さく》酸《さん》溶液と「五倍子粉《ふしこ》」というタンニンを含む粉によって歯を黒く染めるのである。古代社会にあってすでにこうした風習があり、虫歯予防の意味もあったという。中世には、主に男性貴族や武将のたしなみであったものが、江戸時代に入ると、もっぱら既婚女性の身だしなみに変遷していった。また、遊女、芸妓《げいぎ》の化粧にも用いられるようになる。江戸の吉原遊廓の周りの掘割を「お歯黒どぶ」と称したのは、その名残りであった。女郎の逃亡を防ぐ目的で張り巡らされた堀に、鉄漿付けの後に出た汚水を連想する呼び名は、この世の「苦界」とされた遊廓の哀史を物語る。

お歯黒で化粧する武家の奥方を怪異の主人公として描いた作品では、鶴屋南北の歌舞伎『東海道四谷怪談』（文政八年・一八二五初演）が思い浮かぶ。冷酷な夫・伊右衛門と、伊右衛門に横恋慕する隣の家の娘・お梅のはかりごとによって、顔の崩れる毒薬を飲まされ、瀕死の状態に陥った女主人公のお岩は、隣家に「あいさつ」に行かねば気が済まないといい、せめて武家の女房の身だしなみにと、お歯黒をつけ、髪に櫛を入れるが、額《ひたい》のあたりがごっそり抜け落ち血に染まる。化粧をすればするほど、醜怪になっていくお岩の姿は、哀れにも怖しい。「髪梳《す》き」の名で知られる『四谷怪談』の名場面において、お歯黒は欠かせない小道具であった。そういえば、『絵本百物語』の「歯黒べったり」も武家の女のいでたちで佇む。虐げられた奥方のイメージであろうか。

大《おお》入《にゅう》道《どう》

三度の飯より人助け!!
京都のまちづくり、僕におまかせあれ!!

出身　滋賀県高島市（琵琶湖のほとり）
居住地　銀閣寺付近
年齢　25歳
職業　大工
趣味　人助け　筋トレ　ハイキング
好きな食べ物　タンパク質の多い食べ物
容姿　坊主頭で眉毛が濃く目力が強い

お困りの方はいませんか‼

大柄で力持ちな、熱血漢。彼は「京都のまちをより良くつくり上げる‼」という目標のもと、木の伐採から設計・建築まで、京都市内のあらゆる建造物を手がけている大工である。トレードマークはどこにいても目立つ坊主頭。曰《いわ》く、髪は暑苦しいから要らないのだとか。

彼をよく知る住民たちは、「ほんとにもう、暑苦しい男だよ。語尾には必ず〝‼〟とつくしね」と評する。そう、大入道はなんといっても人助けが大好きなのだ。まちに貢献したいという強すぎる思いから、異様なまでに世話を焼く。荷物は奪い取ってでも持ってくれるし、電車では無理やり席に座らせてくれる。休日には余った木材で置物などを作ってプレゼントしてくれるものだから、善意のやり場に困ることも。弾けんばかりの笑顔で、「このまちが大好きだからね‼」と言われてしまうから、呆れられることはあってもなんだかんだ愛されている。

同僚との飲み会で酔っ払うと決まって「この京都のまちは山も川も池も全部、僕がつくったんだ‼」と繰り返す。周囲はいつも笑って聞き流すのだが、その鬼気迫る口調には妙に真実味があるような……。

とある1日のスケジュール

6:00	起床‼
6:30	ランニング‼（新聞配達のお兄さんの配達を手伝う）
8:00	出勤‼
10:00	社内ミーティング‼
13:00	クライアントと打ち合わせ‼（山をつくれるか、という相談を受ける）
18:00	退勤‼（道で歩いている人の荷物を代わりに持ち、家まで送り届ける）
20:00	飲み会‼
22:00	帰宅‼
23:00	就寝‼

大入道

坊主頭で背が高く、夜道を行く人の背後から覆《おお》いかぶさり、顔を覗き込む妖怪である。そうした動作から「見越し入道」とも言い、ほかにも大坊主、背《せい》高《たか》入道、どうしん坊主、伸び上り、乗り越しなどの異名を持つ。襲われた人間が見上げるのに合わせて巨大化するので「見上げ入道」ともいう。背が高くなるのではなく、首が伸びるという場合もあり、ろくろ首の女の、夫になぞらえる伝承も見られる。一説には、古狸《ふるだぬき》やイタチの化け物ともいわれ（今野圓輔「檜枝岐《ひのえまた》民俗誌」）、江戸後期の草双紙《くさぞうし》の中には大入道を妖怪の親玉に見立てるストーリーも見受けられる。

大入道の怪異を夜の深山特有のものとして描いた物語に、江戸初期の怪異小説『宿直草《とのいぐさ》』（延宝五年・一六七七）がある。巻一の十一「見越し入道を見る事」がそれである。狩りのために犬を連れて夜の山中に入った侍が、突然目の前の谷から現れた「何とのう大なる物」に覆いかぶさられる。星の光に映る姿は、巨大な坊主に見えた。さては古狸の化けた見越し入道に違いない、と弓矢を手に取って射殺そうとしたが徐々に大きくなるので狙いを定めることができない。山のようにそびえたと見たとたんに、急に見えなくなった。後は真の闇で何も見えない。帰る方向を失った侍は、機転を利かせ、犬に自分の帯を結びつけて、動物の本能を頼りにやっとのことで家に帰ることができたという。結局、正体はわからないままであったが、「古狸と思い」矢を射かけようとした点は、狸の仕業と考える江戸初頭の民間伝承を踏まえた描写であろう。

背高女の怪異を演じる

大入道のように、大きさを変化させる妖怪の伝承が世俗に信じられた結果、巨大化する化け物の性質を応用した表現が、江戸歌舞伎の奇抜な演出方法を生むこととなった。伝承と創作の融合を示す興味深い動きと見てよいだろう。

近松門左衛門作の歌舞伎『女郎来迎柱《じょろうらいごうはしら》』（元禄十五年・一七〇二）では、嫉妬の一念によってこの世に舞い戻った女の幽霊が、相手の態度によって怒ったり、慰められたりするたびに背の高さを変化させる曲芸的な演出で、観客の目を驚かせた。怨念が最高潮になると、幽霊の背丈《せたけ》が倍以上になって二階を覗くのである。役者の着物の足の下に、竹馬状の小道具を差し入れて背の高さを変える細工は、一見奇抜なようでいて、見越し入道の怪異を知る者にとっては、違和感のない霊異に映ったのかもしれない。

妖怪の姿かたちは、江戸庶民にとって身近な娯楽の一つであった芝居の素材に取り込まれ、人気役者の芸態を通して都市の巷《ちまた》に四散していったとも言える。

女郎来迎柱の背高女（部分）
近世文芸叢刊『絵入り狂言本集』（昭和四十五年、般庵野間光辰先生華甲記念会編）より

ろくろ首《くび》

「私の首でお救いしましょう」

出身	京都市右京区
居住地	京都市下京区西新屋敷中之町
年齢	27歳
職業	プールの監視員
容姿	虚ろな目　青白く、透明感がある
性格	いつも冷静なので何を考えているかわからない
嫌いな人	マナーを守らずプールで危険行為をする人

わたし、天職に巡り合ったんです

ろくろ首は、大型テーマパークのプール監視員である。虚ろな目をしており、首は長細く、楚々とした美しい女性なのだが、背景が透けて見えるほどの透明感があるためか、影が薄い。利用者の視界に彼女はあまり入っていない様子だ。

プールの監視員は、多くの人のなかから溺れた人を瞬時に見つけ出し、助けなくてはならない大変な仕事だ。しかし彼女の仕事ぶりは、圧巻である。彼女は溺れている人を見つけると、監視席に座ったまま目にも留まらぬスピードで救出する。溺れた当人は気がつくといつの間にか彼女の腕の中にいる。彼女に助けられた人によると、何かあたたかく太い縄のようなものが自分に巻き付き、救い上げてくれたのだという。一方、プールで危険行為をしている人を見つけると、その人の目の前に顔だけをつきだし、ぶつぶつと非難するのであった。

実は、彼女の首は周りの人が思っているよりはるかに長い。ふとした感情の動きで首が伸びてしまうため、家でくつろぐ時を除けば、常に冷静でいることを徹底している。そんなろくろ首だから、監視の集中力は凄まじい。監視員はまさに彼女にとっての天職なのだ。

以前、付き合っていた彼氏と別れた時ばかりは怒りと悲しみの感情が爆発し、首がみるみるうちに伸び、天高く雲の上にまで到達したことがある。首はいったいどこまで伸びるのだろう。彼女自身も試したことはないらしいが、気になるところである。

ろくろ首

首が長く伸びる妖怪で、夜になると美女の首が伸びて、屏風や鴨居の向こうの行灯《あんどん》の油をなめる。そのような首の伸びるタイプのろくろ首は、江戸後期の絵本に描かれたもので、古くは頭が胴体から抜け出て飛び回る化け物とされていた。中国において「飛頭蛮《ひとうばん》」と呼ばれた妖怪が、ろくろ首の原型と考えられる。中国大陸の南に位置する地域、とりわけ越国《えつこく》（現ベトナム）にこうした異形の存在が信じられていた。日本で近世中期に編集された『和漢三才《わかんさんさい》図会《ずえ》』（中国の『三才図会』を基にする）巻十四によれば、飛頭蛮は目に瞳がなく、うなじに赤い痕があり、夜になると耳を翼のようにしてはばたかせ、あちこちを飛び回って虫を食べる。朝には元の体に戻って首が付く（『南方異物志』の引用）。

鳥山石燕の『画図百鬼夜行』に描かれた「飛頭蛮（ろくろくび、と訓がふられている）」は、中国の解釈を図像化したもので、女の首と胴体が細い糸状の紐《じゅう》帯《たい》で結ばれているのがわかる。また、ろくろ首は、睡眠中に本人の意思とかかわらず首が体から離れて浮遊する病気の一種と説明され、魂が肉体と分離して二人の人物に分かれる「離魂病」との共通性に言いおよぶこともある。

江戸後期になると、ろくろ首は歌舞伎芝居や見世物小屋の仕掛けに用いられて、怪談娯楽の対象に変遷する。当時の絵入り小説・黄表紙には、首の伸びないろくろ首が妖怪仲間の異端者となるパロディまで登場し、大入道の恋人として一対に扱われることもあった（十返舎一九『怪談《かいだん》見《み》越松《こしのまつ》』）。

小泉八雲の「ろくろ首」

ラフカディオ・ハーンは明治中期の日本を訪れ、小泉八雲の名で『怪談』（一九〇四）などの作品を残した。八雲の「ろくろ首」（『怪談』所収）では、旅の修行僧・回龍《かいりょう》が甲斐《かい》の国（現山梨県）の山奥のある一軒家に泊めてもらう。その家には木こりの主人と四人の家族が住んでおり、質素な暮らしぶりであった。夜半、のどの渇きを覚えた回龍は水を飲みに出て、家族の部屋の異常な状態に愕然とする。五人とも首がない！

回龍は昔読んだ中国の本『捜神記』に書いてあったろくろ首の故事を思い出した。そこには化け物の体を別の場所に移して隠せば、朝になって戻った時に行き場を失い死滅するとあった。この撃退方法を用いて、回龍は化け物を退治することにした。

朝になって寝どころに戻った首たちは体を隠されたことに怒り狂い、僧に襲いかかる。かつて武士であった回龍は、木の棒を刀の代わりにしてろくろ首を抜き打ちにして退治した。しかし主人の首だけは、なかなかしぶとく、僧衣の袖に食いついてうなり声をあげ続けた。やがて動かなくなったろくろ首をぶら下げたまま、回龍は旅を続ける……。

八雲の作品は『捜神記』の引用からもわかる通り、東アジアに広く伝承された古い飛頭蛮の怪異を明治の日本に蘇らせたものであった。アジアの妖怪伝承は国境を越えるスケールを持っている。

付《つく》喪《も》神《がみ》

あれもこれも、
ぜ〜〜んぶワタシのもの！

出身	京都市上京区
居住地	大将軍八神社付近
年齢	20歳
職業	骨董屋の店員
容姿	白髪のロングヘア
趣味	読書　節電　骨董市巡り
性格	マイペースかつ物静か
口癖	「もったいない」

モノへの愛が重めです

彼女は、一条通の大将軍商店街に位置する老舗骨董屋の店員である。長い白髪が特徴的で、クールな印象を抱かせる。まだ20歳と若年だが、骨董や古道具が大好きで、いつか店を継ぐべく勉強に励んでいる。物静かで落ち着いた性格とは裏腹に、他人のものを勝手に使ってしまうなど、やや身勝手な傾向がある。なお本人に悪気はなく、指摘されればすぐに謝罪する（ただしその後も繰り返してしまう模様）。

生まれも育ちも京都市内で、歴史や伝統工芸にも明るい。現在は大将軍八神社付近に住んでおり、近隣の住民とは顔馴染みである。

環境問題に関心があり、日々節電を心がけている。彼女の口癖は「もったいない」で、道具を粗末に扱う人、すぐに物を捨てる人を嫌っている。自身の物持ちがいいこともあり、「必要ないならワタシにくれよ」と思っている節もあるようだ。

淡白そうな外見とは裏腹に、実は恋バナも大好き。愛読書は『伊勢物語』。好きなタイプは明るく親切な年上のイケメンだそう。

休日の趣味

フリーマーケット

近所で行われる天神市はもちろん、毎月21日は東寺の弘法市にも足を運び、歴史ある品や珍しい品物をチェックして回っている。購入することは少ないが、道具を目にするだけで本人は大満足らしい。

付喪神

百年の年月を経て古くなった器物に魂が入り、妖怪化して人に危害を加え、たぶらかす。モノが多いことを意味する「九十九神《つくもがみ》」と表記されることもある。室町期の『百鬼夜行絵巻』もまた、使い古された道具に手足の生えた化け物の群行を図像化している。

『伊勢物語』の古注釈である『伊勢物語抄』は、『陰陽雑記』の説として、百年を生きた狐狸《こり》を「つくもかみ」と称することに言及している。器物の怪異に通底する俗信が、中世にさかのぼるものであることがわかる。

一方、室町期の『付喪神絵巻』や『付喪神記』を

『付喪神絵巻』（部分）　京都大学附属図書館所蔵

見ると、明らかに「化ける古道具」といった要素が確立しているのがわかる。前者では、立春の前に行われる「煤払《すすはら》い」の大掃除の際に路傍《ろぼう》に捨てられた古道具が人間に恨みを抱き、節分の晩に妖怪に変化する。化け物たちは、人々に対する恨みの念をエネルギーにして一揆《いっき》を引き起こすものの、結局、護法童子にさえぎられて敗走し、改心して仏弟子になる。御伽草子《おとぎぞうし》時代のユーモラスな異類物語の性格を持つ作風である。

妖怪本の中の付喪神

室町期に図像化された付喪神の伝承をさらに大衆的な妖怪絵本に変えていったのは、十八世紀の浮世絵師・鳥山石燕の画図百鬼シリーズであった。ことに天明四年（一七八四）刊行の『画図百器徒然袋《ひゃっきつれづれぶくろ》』は、上巻「塵塚怪王《ちりづかかいおう》」の項目に、吉田兼好の『徒然草』第七十二段に見える「塵塚《ごみため》」の故事を模した説明を載せ、神羅万象いずれの器物も「塵も積もれば」妖怪を成すことに触れている。ただしその内容を見る

塵塚怪王　鳥山石燕『百鬼徒然袋』
国立国会図書館デジタルコレクションより

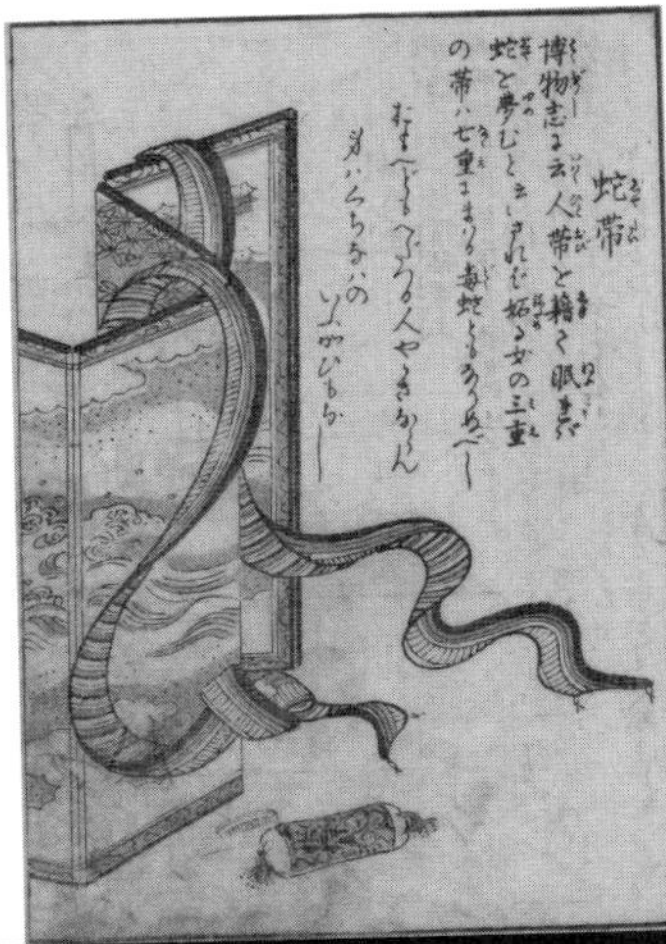

蛇帯　鳥山石燕『今昔百鬼拾遺』
国立国会図書館デジタルコレクションより

と、兼好の生きた中世にはなかったような江戸の生活道具が古びて怪異を引き起こすありさまをビジュアル化しているのがわかる。打ち捨てられた傘が化けた「骨傘《ほねからかさ》」、仏具の鉦《かね》や木魚の化け物である「鉦《しょう》五郎《ごろう》」「木魚達磨《もくぎょだるま》」、怨みのこもった音色を奏でる「琴古主《ことふるぬし》」、貴族の冠に模した古典趣味の「長冠《おさこうぶり》」などの妖怪絵は、民衆の傍らに存在した道具に他ならない。

　一方で、器物に人の念が残って霊異が起こるといった説明は、江戸時代特有の怪異表現であろう。例えば「文車妖妃《ふみくるまようび》」の図は手紙に人の念がこもって動き出すとする。また、やはり石燕の『今昔百鬼拾遺』に見える「蛇帯《じゃたい》」の図は、恋のもつれであろうか、女の帯が蛇のようにくねる様子を描く。これは女性と蛇と執念を結びつける江戸怪談の常套的な描写に通底するものであった。女と蛇の怪異は、平安期の道成寺《どうじょうじ》伝説にさかのぼる伝承であるが、江戸期には歌舞伎、浄瑠璃などを通じて大衆化していった。ある意味でそれは、器物の妖異を語る中世の付喪神伝承が、江戸の民衆生活に近いところで再生産され、身辺の恋愛情話に変容する道のりを表すのかもしれない。

現代の付喪神

現代の作品や娯楽文化においても、小説、アニメーション、マンガ、ゲームなどのさまざまなジャンルに付喪神のモチーフが用いられている。例えばブラウザゲーム『刀剣乱舞』では、刀に宿る付喪神が、人の姿を得て剣士たちとなるさまが描かれている。

こうした創作作品のみならず、口頭伝承をよそおう聞き書き集の分野にも付喪神伝承の伝統に連なる都市伝説を見ることができる。二〇〇〇年代の都市伝説集『現代百物語・新耳袋』（角川文庫）に採録されたモノの怪異をめぐる不思議な出来事はその典型であろう。体験者からの聞き書き、とことわる都市伝説のなかには、次のような話が混ざる。それは幽霊が出る噂のある中学校の理科室に忍び込んだ卒業生が体験した深夜の出来事である。暗い廊下の向こうの階段の方から「たふ…たふ…たふ…」という妙な音が聞こえてくる。確かめると、一階と二階の踊り場に何か白い物がうごめいている。それが動くたびに「たふ…たふ…」と柔らかい音を立てている。「座布団《ざぶとん》…？ そんなあほな」――。体験者の目の前で、一枚の座布団がひとりでに一段ずつ階段をのぼっているのである。あと数段で上がりきる、というところで、それはふっと消えてしまった（第五夜四十一話「座布団」）。

ただそれだけで終わる話には、何の因縁も原因も語られていない。むしろ意志を持ってしまった古座布団の怪異といった方がよいかもしれない。付喪神の思想の残滓《ざんし》が現代によみがえった怪談と言ってもよいだろう。

付喪神の世界は、百年以上たった現代にも生きている。

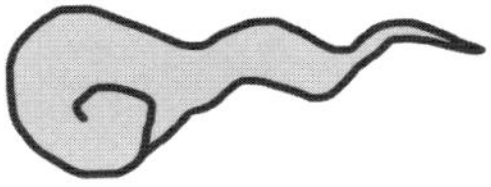

3章

戌の刻〜寅の刻

やっぱり
夜行性がマジョリティ。
21時頃から4時頃まで、
「妖怪時間」が抜けない
妖怪たち。

そろばん坊《ぼう》主《ず》

かけ出し
プログラマーの
そろばん坊主

出身　京都府亀岡市
居住地　同上
年齢　27歳
職業　プログラマー
趣味　そろばんのASMRを聴くこと
好きな動物　たぬき
愛読書　渋沢栄一『論語と算盤』
座右の銘　蛍雪の功
保有資格　珠算・暗算検定10段　ITパスポート
基本情報技術者試験

パソコンはともだち。難しくないよ

そろばん坊主はIT企業入社一年目のかけ出しシステムエンジニア。プログラミングのスキルはかなりのもので、入社して日が浅いにもかかわらず一大プロジェクトのリーダーとして抜擢されたというから驚きである。休日ももっぱらパソコン三昧だ。入社前は、難解なプログラミングをやさしく説くブロガーとして生計を立てていたが、そこにあげていた自作のプログラムが採用担当の目に留まり、請われて現在の会社に内定が決まったという異例の経歴を持つ。

　小さい時からそろばんを習っていて計算が得意だったという。中学生の頃に先生の計算間違いを指摘したところ、理不尽にも先生にこっぴどく叱られ、メンタルを病み、不登校になってしまったという過去がある。そんな時に親からパソコンを買ってもらい、独学でプログラミングを始めたそうだ。持ち前の計算力と論理的思考力から、みるみるうちに上達し、現在にいたるという。

　余談だが、彼はパソコンの他にもたぬきが大好きで、動物園に見に行ったり、たぬきグッズを集めている。ついでに言うと彼の顔もたぬき顔なので、同僚からは「たぬきがたぬきを愛でている」ように見えているだろう。

愛用PCのモニター

そろばん坊主

夜中に木の下に現われ、そろばんの音を立てて脅かす坊主の妖怪。『口丹波口碑集《くちたんばこうひしゅう》』（大正十四年）によれば、京都府亀岡市西別院町の曹洞宗西光寺にある榧《かや》の木の下で、坊主が算盤をパチパチと弾《はじ》く音を立てることがある。狸の悪戯、あるいは算術の失敗を苦にした小僧の怪異とする伝承もある。さらに西光寺の隣に鎮座する素戔嗚《すさのお》神社の境内にもそろばん小僧が現れる（『旅と伝説』一九三七）。

これらの言い伝えの背景には、西光寺の開山である禅僧・万安英種《ばんなんえいしゅ》（一五九一〜一六五四）の史伝が関係しているようだ。万安英種は近世初頭の頃、曹洞宗の宗風復古に奔走した高僧で、応仁の乱で荒廃していた道元ゆかりの名刹・宇治興聖寺を再興したことで知られる。丹波は和尚の隠棲地でもあって、亀岡の瑞巌寺などゆかりの寺院が少なくない。ところが晩年、幕府の宗教政策に抵触して処罰を受ける（雑学事件、承応二年・一六五三）。学識ある和尚の悲劇的な法難と不本意な境遇が民衆の共感を呼び、西光寺のそろばん妖怪を生み出す下地となったのであろう。江戸庶民にとってそろばんは学びの基礎であり、禅学を究めた万安和尚の知恵を連想させる「聖なる算術道具」に他ならない。そろばん坊主が弾き出す怪音は、単なる悪戯というよりも、「もっと勉学に励みなさい」という励ましの言葉なのかもしれない。

金銭感覚に秀でた江戸怪談の化け物たち

そろばんを弾く妖怪というのは、貨幣の流通による経済生活が日常化した江戸時代らしい発想と見てよいだろう。江戸の化け物は数字に強い。特に金額ともなると計算の正確さに異常なこだわりを見せる。

万安英種に教えを受けたこともある鈴木正三は、奇談物仮名草子《かなぞうし》の『因果物語』（寛文元年・一六六一）に、金目のものを取り返しにやってきた幽霊の話を載せている。鍛冶《かじ》職人が、刀を造るために預かった古鉄の余りを返し忘れて時を過ごしてしまう。後年、死者の集まる霊山と信仰される越中立山《たてやま》に登ったさい、故人となった刀の依頼主から古鉄の代金を要求される。とっさに持ち合わせの銭三百文《もん》を投げると、「是ハ多シ」といって亡霊が半分を返してきた。しかも銭は地獄の熱を浴びて一塊に熔《と》けている。このことがあって以来、鍛冶屋は出入りの者に焼けただれた銭を見せては懺悔をし、商売の折には銭の計算を正確にすべきであるとの教訓を語ったという（中巻二十二話）。

町人の金銭感覚は、井原西鶴《いはらさいかく》の描く幽霊像にも投影されている。浮世草子『日本永代蔵《にほんえいたいぐら》』（貞享五年・一六八八）の巻四の四「茶の十徳も一度に皆」の主人公「利助」は、行商の身から立身出世して茶問屋の主人となるものの、欲が昂《こう》じて守銭奴《しゅせんど》の評判が広まり、世間の爪弾きにあって狂死する。しばらくして利助の幽霊が借金の取り立てに奔走するようになる。

町人社会にあって、金欲はこの世の化け物に他ならない。そろばんも使い方によっては、欲望のシンボルと化すのである。

甘《あま》酒《ざけ》婆《ばばあ》

年齢不詳のOL、
深夜の訪問販売。
その「甘い」裏事情とは

出身	東北地方の雪深い地域
居住地	北野天満宮付近のアパート
年齢	普段は20代、疲れると60代
職業	訪問販売員
好きな物	彼氏
彼氏との出会い	千本十二坊のバス停前で行き倒れていた彼を助けた
言葉	東北弁

なんでこんな奴を好いちゃったのかねぇ

東北の実家から都会に出てきたのはウン十年前。甘酒の訪問販売で生計を立ててはいるものの、ほとんど断られるため稼ぎは雀の涙。実家に帰省した時には地元でも営業する。

そこまでお金が必要な理由は、働かない彼氏を養わなければならないから。うんざりしているものの、なかなか別れる決心がつかない。彼女の日課は、自分の甘酒を美味しそうに飲んでくれる彼氏の顔を眺めること。彼氏のために妖術で若さを得ることにも余念が無い（疲れると元の姿に戻ってしまうのだが）。「なんでこんな奴を好いちゃったのかねぇ」と口癖のように言いながら、やっぱり別れる決心はつかない。

最近は通販事業にも乗り出している。某通販サイトで「甘酒」と検索すると、よく見かける小瓶に入ったタイプの甘酒に混じって、年季の入った籠《かご》に詰められた商品がヒットした。出品者は不明とあり、値段は「米一升《しょう》」……？

この商品を購入すると、すぐさま家のチャイムが鳴るそうだ。ドアスコープを覗くと誰もいないが、確かに家の前には注文した、例の籠に入った甘酒が。そして台所に立った時、不自然に家の米が減っていることに気づくのだ。そして、問い合わせたくとも、出品者は不明なので叶わないだろう。

自宅に飾られた彼氏との2ショット

甘酒婆

冬の夜中などに「甘酒はござらんか」といって家の戸を叩いて歩く妖怪。甘酒の「ある」「なし」にかかわらず、返事をすると病気になるが、戸口に杉の葉をつるしておけば災難に遭わずに済むという。主に宮城県、青森県の言い伝えに登場する（『宮城県史』民俗編）。他の地方では、山梨県の伝承に、毎晩、村里の家々を訪れ、甘酒や酒を売ろうとする「アマザケバンバア」が記録されている（山梨民俗の会『ひじろ』一九六三）。門口《もんこ》に「甘酒や酒は嫌いだ」と書いて貼っておくと来なくなる。

　問いかけに応えてはならない、といった禁忌や、戸口に呪符を貼って災いを避ける俗信を特色とすることから、甘酒婆は疫病神の伝承の一つと見ることができる。香川雅信によれば、江戸後期の文化十四年（一八一四）に、江戸・京都・大坂の三都や名古屋の市中に甘酒婆の噂が囁かれたという（『怪』三四号、二〇一一）。返事をすると流行り病になるといって恐れ、門口《かどぐち》に杉の葉、南天、唐辛子をつるしたり、「上酒有」と書いたお札を貼ったりしている。これらの効能は、赤い色をした絵画や物品で街に蔓延する疱瘡《ほうそう》を封じるという厄除けの習俗と共通しており、甘酒婆の妖怪譚の背景に、都市住民の恐れる疫神伝承の流伝をうかがい知ることができる。『只野真葛《ただのまくず》集《しゅう》』（叢書江戸文庫、一九九四）には、疱瘡で死んだ人間を食べる「ほうそう婆」の噂話があり、疱瘡と老婆を重ね合わせる発想の根源を想像させる。

移動する疫神の説話

人類は絶えず感染症の恐怖を味わってきた。それだけに、アジア地域の説話伝承には、眼に見えない病の悪神をめぐる奇談が珍しくない。日本では、古く平安時代の『大日本国法華経験記』に次のような説話が見て取れる。

天王寺の僧・道公《どうこう》が熊野参詣の旅の途中、紀伊《きい》の国（現和歌山県）の浜辺で日が暮れて大木のもとに野宿することになる。夜半、騎馬の一団が現れ「木下の翁よ、早く参れ」と怒鳴り声を上げる。すると老人の声で「申し訳ござらぬ、今宵は馬の脚が折れてしまって、お供ができませぬ」と詫び言を言っている。翌朝、声のしたあたりを確かめると、大木の根元に朽ちた道祖神の祠《ほこら》と、足のあたりが破損した絵馬が転がっているではないか。気の毒に思い、道公は絵馬の足を繕《つくろ》ってやった。次の晩、翁の姿の道祖神は、道公に礼を言うとともに、夜道を行く集団が悪疫を振りまく行疫神《ぎょうえきじん》であること、そして自らは、彼らの案内を務める下級の神であることを明かした。

この物語は、江戸初期の仮名草子『本朝寺社物語』に紹介されたばかりか、怪異小説に素材を提供している。例えば、宝暦元年（一七五一）刊行の『万世百物語』巻四は「疫神の便船」と題して戦国末期の琵琶湖を舞台とする怪異譚を載せている。湖を渡る船に乗った女が、実は疫神の化身であり、対岸の村に病を流行らせるために旅人の姿をしていたという話である。実際に流行病に悩まされていた人々にとってみれば、旅する病魔は現実味を帯びた怪談だったに違いない。

土《つち》蜘《ぐ》蛛《も》

闘志を失った
大妖怪ヒモニートの
私生活たるや

出身	黙秘（知られたくない）
居住地	千本通沿いのアパート
年齢	（面倒臭くて）数えてない
職業	自宅警備
好きな物	甘い物
コンプレックス	（多すぎて）分からない

世の中を冷めた目で見る若者

古代より山奥の洞窟や廃墟に隠れて暮らしてきた一族「土蜘蛛」。昼は暗がりで眠り、夜の間に狩りや子育てをする。時として人の姿に化けて通行人に紛れ込み、人々を喰らっていたという。

京都は下町のボロアパートに暮らす冴えない青年。実はこいつ、土蜘蛛一族の末裔の仮象である。元々山奥に棲んでいた土蜘蛛一族だが、大和朝廷の侵略で山を追われ、流れに流れて都会の街中でひっそりと暮らすようになった。現代では退屈な日々の中で平和ボケを拗らせ、さらには山奥暮らしの長さが祟って都会の生活に馴染めず、引きこもり生活を送っている。「自分の相手になるような強い武将がいない」というのは建前で、源頼光《よりみつ》に首をはねられたトラウマですっかり肝が小さくなっており、極力外出せずに過ごす日々。現在はイケメンの姿に化け、ヒモとして彼女である甘酒婆（▼七四ページ）に養われている。毎日売れ残った甘酒を飲まされ、正直辟易《へきえき》しているのはここだけの話。怠惰な生活で身体能力は低下しているが、ネット掲示板・ネットゲームに依存し、本来の荒い気性もあって卑屈な「ネット弁慶」に。

誰にも自分の正体はバラしていないが、彼女の外出中や就寝中はうっかり蜘蛛の姿に戻っている。現状を打開したい気持ちは持っており、自慢の8本足を活かしてデイトレーダーに挑戦しようとしているようだが、投資の知識がないため結果は目に見えている。

土蜘蛛

　古代の神話世界では、大和《やまと》朝廷に従属しない地方勢力に対して「土蜘蛛」の蔑称を与え、討伐の対象とした。言葉としての土蜘蛛の用例は『古事記』『日本書紀』『風土記《ふどき》』などの諸書に見える。そうした歴史観は中世以降の説話、物語のなかに英雄の土蜘蛛退治をめぐる作品を生み出していった。例えば『平家物語』剣の巻は、大江山の鬼伝説で有名な源頼光《よりみつ》と四天王が、土蜘蛛妖怪を切り捨てた逸話におよんでいる。瘧病《わらわやみ》に悩む頼光の枕元に七尺余りの怪しい僧侶が現れ、縄をかけようとする。とっさにそばにあった名刀・膝丸を取って切りつける。手ごたえがあり、血の跡をたどって逃げた妖魔を追いかけると、北野天満宮へと続いていた。頼光は、塚穴に潜む蜘蛛を捕まえ、串刺しにして河原に晒《さら》した。

　この一件があってから、刀は「蜘蛛切丸」と名づけられたという。今も北野天満宮の二の鳥居の西にある観音寺には蜘蛛塚があり、妖怪の塚穴の遺跡と伝承する。

　一方、室町期に成立の『土蜘蛛草紙絵巻』の方は、渡辺綱《つな》を従えて蓮台野《れんだいの》にやってきた頼光が、西から

小田切直『土蜘蛛草紙絵巻』（部分）
国際日本文化研究センター蔵

東を目指して飛ぶ髑髏を見つけ、後を追う話から筆を起こす。神楽岡《かぐらおか》（現左京区）あたりのあばら家の付近で見失い、さまざまな霊異に襲われるものの、ついに妖魔の頭目を退治する。その正体は大和国葛城山《かつらぎさん》の土蜘蛛であった。絵巻は首をはねられた蜘蛛の体から無数の髑髏がわき出す異様なありさまを点描する。

芸能と土蜘蛛

土蜘蛛伝承は謡曲の演目に取り入れられたのをはじめとして、古浄瑠璃の「土蜘蛛退治」や歌舞伎の「蜘蛛絲《くものいと》梓《あずさの》弦《ゆみはり》」（明和二年・一七六五、江戸市村座初演）に脚色され、怪談芝居の名場面に組み込まれることになる。長唄系の舞踏劇には「蜘蛛の拍子舞《ひょうしまい》」なる作品があり、舞踊の世界にも土蜘蛛のテーマが拡散していったことがわかる。庶民の日常に親しい芸能を介して、土蜘蛛退治は身近な妖怪伝説に変遷したわけである。

京都の伝統芸能に目を移すなら、嵯峨大念仏狂言などの演目にも土蜘蛛と頼光の一騎打ちが演じられている。無数の糸を投げかけて勇者を苦しめる妖怪土蜘蛛の演出に、聴衆の目が釘付けとなる。今日の妖怪マンガやゲームの世界に跋扈《ばっこ》する土蜘蛛キャラクターの背景に、長い年月をかけて民衆の間に浸透した妖怪伝承の広がりがある点は間違いないだろう。

嵯峨大念仏狂言「土蜘蛛」
画像提供：嵯峨大念仏狂言保存会

鞍《くら》馬《ま》天《てん》狗《ぐ》

ご長寿ボクシングトレーナー

出身	京都市左京区鞍馬山
居住地	鞍馬山
年齢	78 歳
職業	ボクシングトレーナー
趣味	山登り　テレビゲームのチャンバラ
容姿	鼻が高く、端正な顔立ち
特技	手品
持ち物	羽扇　一本下駄
休日の過ごし方	毎朝早起き。山登りと自主トレーニングは欠かさない

山と一体化した強者の貫禄

鞍馬天狗は、世界に名を馳せるボクシングトレーナー。なんといっても78歳という高齢で、現役ボクサーとスパーリングができる超人級の体力と、確かな指導の腕は注目の的である。世界各国からも、彼の指導を受けたいがために鞍馬山の門を叩くボクサーが後を絶たない。人に対する分け隔て無い優しさと人情深さもまた、人気の理由の一つであろう。橋本姫華（▼一〇ページ）という高校生の孫がおり、練習中は孫がいかにかわいいかを熱弁している。このごろは反抗期らしく、どこか表情が悲しげだ。

　彼の練習メニューには、山に登っての瞑想がある。山の神と一体化し、メンタルの強化を目指すそうだ。強靭な精神は強靭な肉体に宿る、とはまさにこのことであろう。しかし、山頂に着くのがあまりにも早いため「鞍馬天狗は空を飛べる」というとんでもない噂が数百年消えることはない。また、本人はあくまで遊びだと言うが手品が大の得意であり、それを見た人は皆「まるで魔法のようだ」と囃《はや》し立てるのであった。

鞍馬天狗師匠の練習メニュー@鞍馬山

- 準備運動も兼ねて鞍馬山を登る（以下鞍馬山頂上で行う）
- 鉄下駄を履いてミット打ち
- 強風に抗ってダッシュ、縄跳び
- 義経が手ほどきを受けたという鞍馬の木の根道でスパーリング
- メンタル強化のため山頂で瞑想し山の神と一体化する

鞍馬天狗

京都市の北方にそびえる鞍馬山に棲む大天狗で、僧正坊ともいう。鞍馬山より隣接する貴船に続く山道は、「僧正が谷」と呼ばれ、天狗の出没する魔所とされていた。『平家物語』や『太平記』によれば、源氏の血を引く牛若丸（のちの源義経）は、亡き父義朝《よしとも》の敗死の後、鞍馬山に籠って僧正坊より兵法を授かった。今日、僧正が谷の途中の、通称「木の根道」は、牛若丸の剣術修行の跡とされている。天狗の剣術指南にまつわる伝承は、室町期の能「鞍馬天狗」（宮増作）を経て一般化していく。能では大天狗と牛若丸の少年愛的な関係も加わり、僧正坊の超人的な魔力とともに、稚児《ちご》の牛若をめでる性愛の要素が強調され、中世以降の義経像に影響を与えた。

「鞍馬山魔王大僧正」のお札に描かれた僧正坊

この演目では、平安朝の物語に描かれた外道としての天狗の性格や、都に災いをもたらす大魔王の天狗像（例えば崇徳院《すとくいん》）が後退し、むしろ哀れな境遇の牛若に加勢し、弱きを助けるタフな守護神の性格を帯びている。また能の前半に描かれた花見の場の華やかさも中世の人々の好みに合うものであったようで、室町時代の小歌を集めた『閑吟集《かんぎんしゅう》』のなかに「鞍馬天狗」の一節が引かれている。

絵画になった鞍馬天狗

鞍馬天狗の姿かたちを図像化した早い時期の作品に、室町末期の絵師・狩野元信の「鞍馬大僧正坊図」が知られている。この絵の成り立ちをめぐっては、不思議な伝説が語られていたらしい。江戸中期の考証随筆『筠庭雑録《いんていざつろく》』に次のエピソードが見える。ある夜、徳川将軍の夢に鞍馬の僧正と名乗る僧侶が現れ、自分の姿を狩野元信に描かせるように頼む。元信もまた同じ夢を見たという。不思議な符合に運命を感じる元信であった。ところが、なかなか絵が描けずに彼は苦悩する。すると目の前に一匹の蜘蛛がはい出してきて、糸を引きながら紙の上に下絵の輪郭を残した。こうして元信の僧正図が完成し、後世に鞍馬天狗の姿を伝えることができたというのである。

鞍馬天狗は、今も鞍馬寺を代表するキャラクターであり、叡山電車・鞍馬駅舎脇に大天狗のモニュメントが設置されている。近年の台風で鼻が折れてしまったが、近隣の美術大学生の尽力により見事に補修されたという。現在は二代目の大天狗が、この地を訪れる人々を出迎えている。再建のいきさつに夢枕の霊験はなかったのであろうか。

叡山電車・鞍馬駅前の大天狗
2024 年撮影

輪《わ》入《にゅう》道《どう》

観光案内はおまかせ！
徘徊タクシー屋

- **出身** 京都市下京区
- **居住地** 東洞院通り近くのアパート
- **年齢** 50歳
- **職業** 個人タクシー運転手
- **趣味** 京都のまちをぐるぐる巡り、新たなルートを発見すること
- **好きな食べ物** 辛いもの
- **嫌い・苦手なもの** お札　道路工事
- **悩み事** 顔が怖いからかなかなか乗ってもらえない
- **最近の出来事** 知らないうちに撮影された車体の写真が、SNSでバズっていた

洛中の道はオレに任せやがれ

京都に観光に行くなら、車体に炎のマークを付けた黒いタクシーを探してみてほしい。輸入道の個人タクシーだ。顔は怖いが、運転技術と道中のアテンドは完璧。話してみるとその顔に似合わずおしゃべりで、彼独自のルートで目的地まで観光案内をしてくれる。ただ、あまりおしゃべりに夢中になりすぎるのは要注意。彼の案内スイッチが入ると、一日中連れまわされることになってしまう。過去に20時間も連れまわされたという観光客は、「興味津々でお話を聞いていたら、いつの間にか観光地めぐりになっていました。運転手さんはとても京都に詳しいようだし、お話自体はとてもためになるのだけど、次の用事があっても解放してもらえなくって……」と話す。困惑はするものの、大変充実した観光にはなったようで、これまでにクレームは無し。京都観光を楽しみたい人は、炎ゆらめく車体を探してみてはどうだろうか。京都を走る某タクシー会社の「乗ると幸せになれる」と噂の四つ葉タクシーよりもレア度は高いだろう。

ところで、タクシー車内にはこんな張り紙がある。「目的地までのルート変更可能性あり。乗務員都合の遠回りは料金に加算いたしません。」そう、このタクシー、目的地までのルート選びが独特なのだ。時には近道、時には遠回り。どうやら何かを避けているようだが……？

輪入道

鳥山石燕の妖怪絵本『今昔画図続百鬼』に取り上げられた妖怪。車輪の中央に僧侶の首が付いた姿をしており、猛火に包まれた片方だけの車輪が民家の軒先を通り過ぎるありさまを描く。同書の中巻には、「片輪車」に続ける形で「輪入道」が紹介されており、「これを見る者魂を失う」との詞書《ことばが》きを添えている。どうやら「片輪車」の伝承から新しく創作された妖怪のバリエーションであったようだ。

ただし、絵本の解説には、輪入道を防ぐ方法として、戸口に「此所《このところ》勝《しょう》母《ぼ》乃《の》里《さと》」と書いた紙を貼っておけば良いとのオリジナルな呪符の効能が付け加えられている。妖怪の撃退手段に言いおよぶ点に石燕絵本の特色があると言えるだろう。

「勝母の里」とは、中国儒教の開祖・孔子の門人で、孝行息子の名声で知られた「曾子《そうし》」の故事をもとにした言葉である。曾子は何よりも「孝」を大事にしていたので、たまたま旅の途中に通りかかった「勝母」(母に勝つ)という村の名前を嫌って、そこを避けて通ったという。『史記』の「鄒陽《すうよう》列伝」や『淮《え》南子《なんじ》』に出ている。儒教の名著『孝経』の編者とされた曾子のエピソードとして広く記憶された孝行話である。

江戸時代の人々が親孝行の故事を意味する言葉を書きつけた呪符に、妖怪封じの効き目ありと考えた背景はどのようなものであったのだろう。そう考えてみて思い浮かぶのは、不孝者の天罰を語る怪異談の庶民層への浸透である。親不孝の者が天雷の難にあったり、神罰を受けたりする教訓怪異の物語は、この時代の書物に散見される。

奇談物仮名草子の『宿直草《とのいくさ》』（延宝五年・一六七七）巻二の十二「不孝なる者、舌を抜かるゝ事」では、母親の面倒を見ず悪口の絶えない倅《せがれ》が、天罰のために、舌が一尺ばかり抜ける悲惨な死に方をした奇談を紹介した後、「勝母の閭《さと》を過《よぎ》らぬ曾子」の孝行話を引いて、故事を忘れる者にはそれなりの報いがあると教訓する。いにしえの曾子の逸話は、十七世紀の日本にいたって不孝者の天罰を語る教訓怪異談に転用され、新たな物語の世界を生み出していた。

古代中国の故事来歴にもとづく格言や聖人の名前そのものを、魔払いの呪符に用いる発想は、近世巷《こう》間《かん》に流行った病除けのお札の習俗とも一脈通じるものであった。門口《かどぐち》に「蘇民将来子孫也」と書いた呪符を掲げれば悪疾に罹《かか》らずに済むとする信仰は、祇園祭の由来とも関連しながら、京都の人々の日常に根を下ろしている。

輸入道の怪異と「勝母の里」の呪符のかかわりもまた、古い異国の聖人伝説を拠り所にした厄除けの民間習俗と底で通じ合っているのかもしれない。一般庶民には耳遠い格言ゆえに、日常の魔除け信仰に融け込むことによって、呪的な「ことば」の力を発揮することになるのである。難解で意味不明だが、どこか格調高い言葉は、かえってまじないの隠れた力を期待しうるものなのだろう。そういえば戦隊モノのヒーローが戦いの場で口にする「○○ビーム」などの言葉もまた、呪的な能力が期待されている。魔物は言葉に弱い。

片《かた》輪《わ》車《ぐるま》

顔は広い方です。
見せたことありませんが

出身 京都市中京区
居住地 トラックの中
年齢 32歳
職業 運送業
趣味 全国のご当地飛び出し坊やを探して写真を撮ること
好きな煙草 缶ピース
特技 着付け（好きな柄はもちろん源氏車）
好きなもの ヒューマンドラマ

夜間専門の運送業者

真夜中の住宅街を、一台のトラックが走っていく。車体には「愛羅《あいら》号」と達筆で書かれ、車輪近くに付けられた電飾はまるで燃えるように煌々と光っている。そう、デコトラだ。トラックが通り去った後には、いつの間に置いたのだろう、家々の前に段ボールが置かれていた。

デコトラの正体は「顔佳草《かおよぐさ》運送会社」である。運転席には濃いスモークが貼られているが、横顔をちらりと見た人は絶世の美女だ、と褒めたたえていた。目撃者はその後一週間高熱を出して寝込んだらしい。この会社は夜間専門の運送会社で、時間指定は、21時から3時までのみ。受け取り方法は家の前への置き配だけなので、数年前から人々に重宝されている。

当の配達人は謎に包まれており、喫煙仲間の輸入道（▼八六ページ）によると「義理人情に厚いよ。子どもが好きで、構いすぎちまうらしいんだな。あと美人。すっっげー美人。俺たち（妖怪）のなかで金髪が似合う奴なんて、あいつくらいしかいないだろうな……」と惚《ほう》けていた。

運転中によく聴く音楽

- X JAPAN「紅」
- Stance Punks「夜の片輪車」

片輪車

夜道に現れる片方だけの車輪の妖怪である。古くは江戸初期の怪異小説『諸国百物語』（延宝五年・一六七七）巻一の九に、京都東洞院《ひがしのとういん》の出来事として次の話が見える。

毎夜、京都の町を南北に走る東洞院通のあたりに片輪車が出没するので皆が恐れをなし、日が暮れると外出を避けるようになっていた。ある女が、噂の化け物を一目見ようとして格子《こうし》窓から外の様子をうかがっていると、夜も更《ふ》けた頃大路を南に下がった方向から車のきしむ音が聞こえてくる。やがて牽《ひ》く者もない一輪の車がゴロゴロと進んでくるではないか。よく見れば、引き裂いた人間の足をぶら下げている。驚き、怖じ恐れる女に向かい、片輪車がまるで人のしゃべるように口を開いた。「そこの女、こっちを見る暇があったら、お前の子どもの面倒を見た方がよいぞ！」と叫ぶ。我に返って家の中を確かめると、二歳になる子が無残にも肩から足の股の当たりまで真二つに裂かれて死んでいた。しかも片足はどこかに失せてしまっている。母親がいくら嘆いても、すでに後の祭りであった。

片輪車『諸国百物語』
国文学研究資料館所蔵

この話が京の東洞院という洛中の街なかに起こった怪異であるのに対して、所を近江（滋賀県）の甲賀に移した奇談が、江戸の俳人・菊岡沾涼《せんりょう》の『諸国《しょこく》里人談《りじんだん》』（寛保三年・一七四三）に載っている。こちらは寛文年間（一六六一〜七三）のこととして、美しい女房が乗った一輪車の怪異を記録している。家の潜《くぐ》り戸から覗く母親に気がついた妖婦は「われを見るより子を見よ」と告げる。寝かしつけた幼児がいないことに狼狽した母親は、泣きの涙で

罪科《つみとが》はわれにこそあれ小車《おぐるま》の
　やるかたわかぬ子をばかくして

という一首の和歌を詠んだ。心のこもった歌の徳によるものであろうか、次の晩に我が子は無事に帰ってきた。それ以来、甲賀に片輪車の怪異はなくなったという。

近江の片輪車は、のちに鳥山石燕の妖怪絵本『今昔画図続百鬼』（安永七年・一七七八）に取り上げられて図像化する。石燕の絵は、燃え盛る車の上に啼《てい》泣《きゅう》する女を描く。地獄絵のモチーフで知られる「火車の図」を連想させる図柄であり、「火車が飛び来たり、悪人を冥府に連れ去る」という古代中世の仏教説話を下敷きにした潤色がほどこされている。

仏教思想との関連で言えば、「因果はめぐる小車《おぐるま》」の諺《ことわざ》に見るように、回転し続ける車輪を、生死を繰り返す「輪廻《りんね》」の宗教思想に重ね合わせるイメージが顧みられたのかもしれない。能で有名な「黒塚の鬼婆」が、糸車を回す様子とともに登場するのも、怪異と車輪の相関による表現と言えるだろう。回転の思想は奥が深く、見えない世界との親和性が強い。

大《だい》蛇《じゃ》

高収入！経験不問！
闇に紛れてモノを運ぶだけの、
簡単なお仕事です☆

出身　京都市山科区
集合場所　京都市右京区嵯峨広沢町（広沢池）
年齢　25歳
職業　チンピラ

ある一族の隆盛と没落の物語

広沢池近くを一人歩く化け蛇の若者。彼の一族は古来雨乞《あまご》いを司《つかさど》る家系であり、それによって集まった富を何代にもわたり受け継いでいる。周囲にガンを飛ばし我が物顔で街を闊歩するため、街の住人から距離を置かれている存在だ。

向かう先はネット上で募った若蛇たちとの集合場所。彼らはこれから「夜逃げ屋」として、犯罪者の逃走を手助けする闇バイトに手を染めることとなる。

この闇バイトの元締めは「ハチマタ」といううきな臭い事務所。指示を出すトップは「ヤト姐《ねえ》さん」と呼ばれ、足がつかないよう海外を転々としているそうだ。いずれも水辺の近くという情報以外、詳しい居場所は誰にも明かさないほどの徹底ぶり。これは闇に染まった化け蛇の性《さが》だろう。

雨に打たれ作業するアルバイトを見張りながら、化け蛇は独り思う。「かつて雨降らしの神童と呼ばれ、人々に崇《あが》められていたあの頃のオレはもういない。今のオレは、罪の意識を感じさせない言葉を若蛇に投げかけて自分の手は決して汚さない。真っ黒な世界の住人だ。人間が失踪する度、世間はオレたちのせいだと騒ぎ立てる。丸飲みして別の場所へと運んでいるだけなのに、だ。この一族はどこで間違えたんだろうな……。」

闇バイトに集った若蛇

大蛇

大蛇を自然神の象徴とする観念は、神話の時代にさかのぼる。『古事記』神代の巻に記す八岐大蛇《やまたのおろち》の伝説はその典型であろう。『日本書紀』には、伊吹《いぶき》山《やま》の山神が大蛇に化身して、東国を目指す日本武尊《やまとたける》の行く手をふさぐ場面が描かれている。また、『常陸国風土記《ひたちのくにふどき》』行方《なめかた》郡に見える「夜刀《やと》の神」は角《つの》の生えた大蛇であった。「ヤト」は湿地や谷間を意味する言葉であり、いまだ人の手の入らない場所を指す。そのような未開墾地に足を踏み入れようとする者に対して、夜刀の神は蛇の姿で立ちふさがり妨害をするのである。古代社会において、蛇は水、山、野のヌシの神格を帯びた存在であり、人間の生活を脅かすとともに、祭祀によって恵みをもたらす豊饒の神となる性質のものでもあった。

これに対して仏教の伝来と浸透は、土着の蛇神を仏法の力で救済し、釈尊《しゃくそん》の弟子に加えるといった発想の宗教説話の生成へと向かった。例えば、湖沼のヌシである大蛇が人身御供《ひとみごくう》などを要求し、村人を悩ませている。そこへ旅の僧がやってきて法力によって邪悪な神の害を取り除き、災いを鎮める。一方、蛇神は仏の教えに帰伏して土地を差し出し、かの地に寺が建立される。仏教の勝利を讃えるそのような説話は、寺院縁起の形で全国に広まっていく。

この系統の仏教説話にあって、水精の化身である蛇は、女の姿で僧坊に姿をみせる場合が少なくない。そこには仏教の説く「女人罪障」の思想が投影しているといってもよいだろう。

高僧伝と大蛇

女性の姿の蛇性を教化する僧の説話は、日蓮、道元、法然、親鸞といった歴史に名を残す中世の高僧の逸話として、史伝に組み込まれて語られることが多い。とりわけ禅宗では、それらの高僧伝は「神人《しんじん》化度《けど》」の説話と呼ばれ、古代的な自然の神や風土神に対する仏教の優位性を示すという布教の意図に支えられていた。

例えば、浄土真宗の開祖・親鸞は、十二世紀の初め、流罪を許された後に越後（現新潟県）から北関東の地で布教活動を続けていた。その折節、常陸国花見が丘（現栃木県宇都宮市）において、女の姿をした池の底の蛇神に念仏の教えを授け、苦しみの世界から救済する。邪神成仏のエピソードは、親鸞の生涯を図像化した高僧絵伝にも描かれ、関東の真宗寺院で行われる絵解き説法の折に公開され、女人の救済と成仏を示す説話の一景として説教されるのであった。

大蛇の解釈には、古代の自然崇拝にもとづく話の流れと、仏教の功徳を説く宗教説話という二つの流れが存在し、それらの周辺に土地の民話に姿を変えた口頭伝承が散在すると考えてよいだろう。

親鸞聖人絵伝に描かれた蛇婦成仏図
茨城県坂東市西念寺蔵

羅《ら》城《じょう》門《もん》の鬼《おに》

探し物は
鬼城探偵事務所まで！

出身　京都市南区
居住地　同上
職業　探偵
年齢　不詳
趣味　探索型ゲーム
特技　変装
特に仲の良い友人　鵺
嫌いなもの　刃物
マイブーム　金棒集め
日課　新聞に載っている間違い探し

調査成功率99・9%

京都市南区羅城門跡近辺にある、金棒の装飾が印象的な一軒家。探偵・鬼城羅門《おにしろらもん》の事務所である。探偵とは名ばかりで、寄せられる依頼は日常生活に関する平和なものが多い。特に物探しに関しては超一流で、大抵の物ならすぐに見つけてしまう。利用者からの口コミも上々で、その界隈では有名人だ。鵺《ぬえ》（▼一〇二ページ）とは、仕事の愚痴をこぼし合うよき飲み仲間であるが、仕事柄全てをさらけ出すことのない関係性が互いに心地よくもある。

彼の長所でもあり短所でもある点は、執念深いと言えるほど諦めが悪いところだ。目的を達成するためには一切の手間を惜しまず、一度やると決めたことは何があっても曲げはしない。決して悪いことではないものの、真剣に物事に取り組む表情は鬼のように怖いという。仕事ぶりは素晴らしいのにそこだけは、玉に瑕《きず》。

なんでもそつなくこなす羅門には唯一苦手な案件がある。それは刺傷事件など刃物が絡む事件。なぜか刃物を異常に怖がり、刀や包丁と言った単語を聞いただけで青ざめてしまう。過去に何かトラウマがあるのだろうか……。

過去に寄せられた依頼

- 琴引浜から消えた巨大ダコ（▼26ページ）
- 伝説のスーツアクターの素性を知りたい（▼38ページ）
- 鞍馬山の仙人調査（▼82ページ）

羅城門の鬼

京都の羅城門《らじょうもん》で鬼の腕を斬った渡辺綱《つな》の館に、綱の叔母に化けた鬼が手を取り返しに来るという伝説。能の「羅生門」にもとづくストーリーである。

一方、御伽草子《おとぎぞうし》の『羅城門』は、最初に綱が鬼に出会う場所を羅城門、腕を斬る所を一条戻り橋としており、さらに物忌《ものい》み中に腕を奪い返されるのは、源頼光《よりみつ》となっている。『平家物語』剣の巻に見える一条戻り橋の鬼女の説話が、室町期の能や草紙の世界に拡散し、さまざまなバリエーションを生み出したものであろう。

渡辺綱が鬼の腕の伝説の主人公に設定された背景に関して、橋や川の渡し場を本拠とした「渡辺党」とのかかわりが指摘されている。彼ら一族は難波の渡辺の里（現大阪市西成区）に住み、渡渉《としょう》の力役に従事し、さらに水神の鎮祭儀礼や水難除けの呪術を司ったという。水辺を渡すことを意味する「渡辺」の姓氏を名乗る一族は、見えない世界をコントロールするための呪法に長けた人々と考えられたわけである。戻り橋に出没する妖魔封じの説話が、総じて渡辺綱に絡めて語られたのも、渡辺党の呪術的な能力を前提に発想されたものかもしれない。

一方、能の世界において鬼の腕を斬る怪異発生の場所を羅城門に設定したのは、『今昔物語集』などに記された羅城門の異界伝承を意識した潤色《じゅんしょく》であろう。例えば、『江談抄《ごうだんしょう》』『十訓抄《じっきんしょう》』の伝える都良香《みやこのよしか》の詠詩伝説では、羅城門を通り過ぎた詩の達人・良香が一句を詠ずると、楼門《ろうもん》の上の鬼神が、詩のすばらしさに感動してもう一句を付け足したという話がある。鳥山石燕の妖怪絵本『今昔百鬼拾遺』は「羅城門鬼」のタイトルでこちらの逸話を載せている。

楼門の怪異

王城の南端に位置する羅城門（後世には「羅生門」）は、大内裏《だいだいり》の南門にあたる「朱雀門《すざく》」とともに、都のランドマークであった。そのような場所は、洛中の内と外を結ぶ境界でもあったため、さまざまな異形との接触が語られることが珍しくなかった。

朱雀門には、賭け事を好む鬼が住み、人の姿で双六《すごろく》や囲碁の勝負を求め、人間を打ち負かすことを至上の喜びとした。ある時、双六の名人であった平安貴族の紀長谷雄《きのはせお》が楼門の下を通ると、案の定、鬼が挑んできた。もし長谷雄が勝ったら絶世の美女をくれてやる、というのである。結局長谷雄は鬼を負かして女を手に入れるが、「百日間は一指も触れてはならない」という禁忌が我慢できず、契りを交わしてしまう。すぐさま美女はただの水に変じて流れてしまった（『長谷雄草紙』）。

双六は賭博行為として朝廷から禁令が出たこともある。いわば稀代のばくち打ちであった長谷雄も、女性への欲望に打ち勝つことができなかったのである。ダンディな勝負師も美女の色香には弱い。朱雀門の下を行く双六名人のある日の風景をとらえた、説話の世界は面白い。

鵺《ぬえ》

黒煙に身をひそめる
百面相のスパイ

出身	京都御所の近く
居住地	不明（巷では、拠点は清水寺の真下が怪しいと言われている）
年齢	不明
職業	スパイ
特技	変身術のほか、イケボ、カワボ、ショタボなど多様な声が出せる。スパイの道に進んでいなかったら配信者になっていたかも
好きな食べ物	京飴　あんみつ
嫌いな人	源頼政

彼はいつも孤独で背後を気にしている

顔、年齢、性別、すべて不明。依頼を受け、コードネーム「鵺」として暗躍するスパイ。海外での大きな仕事を終え、現在は休養のため帰国している。

私たちは道端で、知らぬ間に鵺とすれ違っている可能性がある。鵺は豪快な中年男にも、妖艶な美女にも、しわの刻まれた老婆にも変身ができ、あらゆる獣にまで化けられる、なんてとんでもない噂もあるとかないとか。その上、特別な声を持っている。そのささやくような甘い声は聴いた者を惚《ほう》けさせ、秘密を喋らせてしまうのだ。

鵺は平安の世からこんなことを繰り返している、仕事に生きるクールなヤツだ。その華麗な仕事ぶりとミステリアスな印象から、女性を中心とした「鵺ファンクラブ」もあるのだとか。

徹底して誰にも正体を明かさない鵺が、京都で出会ったある老人にぽつりと語ったことがある。「私には家族も友もいない。信じられるのは自分だけだ」。無数の顔を持つ反面、明確な自分がなく、誰もそばで一緒に生きてはくれない、という寂しさを抱えているのかもしれない。「鵺」という名前は、本来は夜に寂しげに鳴く鳥のことであったらしい……。

そんな百面相のスパイが、妖怪タウンの仲間たちに心を開くことになるのはもう少し先のお話。

鵺を見つける手がかり

肩に古傷がある。これは800年前、弓の名手である源頼政に射られた傷。これだけが鵺の手がかりだろう。
ちなみにその時に放たれた矢尻は京都市下京区の神明神社に残っているため、鵺はこの辺りには寄り付かない。現代では敵無しの存在だが、今でもその矢尻だけは怖いらしい。

鵺

鵺とは平安時代の武将・源頼政により討ち取られた怪鳥である。『平家物語』巻四に妖異の全容が見える。平安時代末期の近衛《このえ》天皇の御代《みよ》、毎晩丑《うし》の刻《こく》になると東三条の森から黒雲が湧き出て御所の紫宸《ししん》殿《でん》を覆い、恐ろしい鳴き声を発する化け物が現れた。頼政は勅命によりこれを射る。鵺の姿は、頭が猿、狸の胴体に蛇の形の尾が生え、手足には鋭い虎の爪があるという奇怪なものであった。

江戸中期の百科辞書『和漢三才図会《わかんさんさいずえ》』は、鵺の正体を都の洛東や各地の深山に住む鵄《とび》に似た鳥（トリツグミ）であるとして、人の声そっくりの鳴き方に言いおよんでいる。また鳥山石燕の『今昔画図続百鬼』では、鵺を同じく鳥の妖怪である「以津真天《いつまで》」（▼二〇ページ）と一対にして絵画化している。

古代平安の貴族社会において、王城の天空に出現する妖星や天地の鳴動は、王朝の衰微と滅亡につながる凶兆と考えられ、すぐさま陰陽師の祈祷、高僧の加持が修された。鵺の鳴き声もまた、世の乱れの兆しであり、武勇の士による怪鳥退治を行うことで、都の平安が保たれたのである。頼政の故事はその典型として後世に伝えられたものであるが、宗教者ならぬ侍の武勇が妖魔封じの主人公に変化したところに、古代の貴族社会から中世・武家政権への権力構造の移り変わりが見え隠れする。

一方、鵺退治の物語は室町期になって能の「鵺」に脚色されると、にわかに物語の様相を色濃くしていく。そしてその影響下に江戸歌舞伎の怪談劇が創作されて、頼政の鵺退治を仕組む演目が次々に上演されるようになる。宝暦十年（一七六〇）、江戸森田座の『聖花弓勢鑑《みよのはなゆんぜいかがみ》』では、初代中村歌右衛門が鵺の精の七変化を演じて大当たりを取り、世間の注目を集めた。説話の大衆化に拍車をかけたのは、芝居の普及に負うところが少なくない。

鵺にまつわる史跡

『平家物語』によれば、頼政の武功ののち、鵺の死骸は丸木をくりぬいて拵《こしら》えた「うつぼ船」に乗せて海に流されたという。このことが元になって、後世、鵺の漂着地とされる場所に鎮魂のための塚が築かれた。摂津国芦屋《せっつのくにあしや》（現兵庫県芦屋市）の浜に祟りを封じるための塚が建立されたのは、その一例である。また、やはり摂津の滓上江《かすがえ》（現大阪市都島区）にも鵺塚があり、こうした伝説にちなんで現在、大阪港湾局のシンボルマークには鵺のキャラクターが用いられている。

京都市内に目を移せば、中京区の二条公園内にある鵺池は、怪鳥を討ち取った際の血のりを洗った場所という伝承で知られている。さらに下京区の神明神社は頼政が鵺退治の祈願を行った社《やしろ》といい、弓矢のやじり二本を宝物とする。今日厄除けの御利益ありというのは、怪鳥鎮圧の故事を現代風にアレンジしたものである。

神明神社　2024年撮影

対談

妖怪というキャラクター

堤邦彦×睦月ムンク

■妖怪のキャラクター性

堤邦彦　睦月さんは京都精華大学マンガ学部でキャラクターデザインを教える傍ら、フリーのイラストレーターとしても活躍されていますね。現代のマンガやゲームの登場人物には妖怪をモチーフにしたものが散見されるけど、本業の方は、妖怪×エンタメという組み合わせをどう捉えているのかな。

睦月ムンク　すでに大衆の共通認識がある妖怪は、キャラクターを作る際に取り上げやすいんです。同人誌によく見られる二次創作というのも、底本の作品を皆が知っているから活きてくるわけです。妖怪の詳細までは知らなくても、例えば酒呑童子《しゅてんどうじ》が「負けキャラ」だとか清姫《きよひめ》は執念深いというイメージがあるだけでキャラクターの輪郭線ははっきりします。

堤　妖怪のイメージという話が出たけど、例えば本書にも登場するぬらりひょんの「勝手に人の家に上がり込む」という特徴は古典には見当たらない。ではどこで生まれた特

徴かというと、藤沢衛彦や水木しげるが描いたぬらりひょんの特徴なんですね。それが今ではこの妖怪のイメージとしてすっかり定着しています。

睦月　水木しげる作品というと五、六十年前ですね。

堤　これは当たり前なんだけど、さかのぼって考えたら古典と呼ばれるものも過去のある時点で創作されたものですよね。妖怪だけじゃなく、歴史上の人物の逸話もそうではないかな。

睦月　あの武蔵坊弁慶ですら実在したのか定かではないとか。現代では、弁慶というキャラクターがいないと義経モノというエンタメ群は成り立ちませんよね。「ネット弁慶」「弁慶の泣き所」という言葉が生まれるように個のキャラクターとしても確立されています。もう私たちは弁慶がいないと義経を認識できない、とも言えるでしょう。何世紀も残り続けるという強いキャラクター性は、後世の人間によるものが大きいのかもしれません。

堤　その点、歴史上の人物のエピソードと怪談は似通った生き残り方です。実在したかどうかに重きを置かないのは、日本特有の文化でしょう。架空伝承という、歴史学とはまた異なる研究分野が発展していることからも明らかですね。

睦月　『ゲゲゲの鬼太郎』の中で主人公・鬼太郎はヒーローとして描かれています。これは自分（読者）は妖怪になり得ない存在だけど、一族と人間のために戦う鬼太郎は子どもたちにとって憧れの存在だったんでしょうね。

堤　作品内に「非日常」「常人離れ」という要素を散りばめるマンガは、最たる非日常である妖怪モノと相性がいいはずですね。

■日本人と妖怪の距離感

堤　日本ではすっかり妖怪がキャラクター化していますよね。海外の人には、日本人が好んで妖怪や怪物のキーホルダーを付けているのが奇妙に映るそうです。聖なるものと俗なるものをごちゃ混ぜにすることに寛容な国民性だからこそ、妖怪×エンタメがここまで発達したのでしょう。

睦月　日本の妖怪はアジア諸国でも人気がありますね。中国から留学中のゼミ生は「中国の古典に登場する怪異や妖怪を描きたい」と言いますが、彼女たちは日本の妖怪が登場するエンターテインメントに影響を受けているようで、その国際的な人気を実感しました。特異性という意味では、日本の妖怪の数はとても多いですよね。ここまで多くの妖怪が生まれた国も珍しいんじゃないでしょうか。

堤　そうですね、妖怪の数がとても多い。大江山《おおえやま》の酒呑童子伝説を例に挙げると、酒呑童子には茨木童子をはじめとする配下の鬼たちが従っています。酒呑童子一人だけでもストーリー的には問題がないけれど、茨木童子のサブストーリーを持ち出すことでそれぞれの鬼の個性が強調され、物語に奥行きとダイナミズムが生じていることは間違いないでしょう。

睦月　確かに伝承にまつわる妖怪を集めると、とんでもない数に膨れ上がりますね。一方、韓国は妖怪の種類が少ないそうです。平昌《ピョンチャン》五輪開会式に登場した人面鳥は高句麗壁画古墳に描かれたものだそうで、平和の象徴ということ以外詳細はわかりませんでした。これが日本だったら、生息地や聖性などの肉付けがされ、キャラクター化していそうです。

堤　韓国では妖怪や霊性のものは目に見えないという考え方が根強いことも理由でしょう。実は日本も平安時代の頃は妖怪の種類もビジュアルの多様さも乏しいものでした。室町時代に《百鬼夜行絵巻》が描かれ始めたあたりから、妖怪の姿かたちが発達し始めます。その流れが現代まで受け継がれ、今日のエンターテインメントとも結びついたものを私たちは享受しています。

■水辺に現れる怪異

堤　先日タイを訪れた際、ホテルの窓から川をずっと眺めていたんですが、雨が止んでも茶褐色のまま透き通る気配がないことが印象的でした。

睦月　住む国や地域によって透き通っているのか、向こう岸が見えるのか見えないのか、思い浮かべる川が異なるでしょうね。

堤　日本の場合、河川の多くは山から流れ落ちているから澄んでいます。水で浄《きよ》める「祓《はら》え」という思想がありますが、それは透き通った河川に慣れ親しんだ風土から生まれた思想ですよね。

睦月　『ヌシ』（伊藤龍平著、笠間書院）では川のヌシ（主）が発生するのは水が淀んでいる、流れの無い場所と指摘がありました。

堤　川の流れが無い淀みや渦のまいている場所に、何かが留まりやすいと考えるのは自然でしょう。水辺の怪談の舞台には「〇〇ヶ淵」という名称が多く、やはり水流が無い淀んだ場所です。江戸怪談の「累《かさね》が淵《ふち》」はその典型です。日本には河童をはじめ河川に棲む妖怪の話が尽きない一方で、タイで川のピー（phĭi：タイ語でお化けの意）について聞くと、蛇の神様（ナーガ）など限られたものしかいないようでした。

睦月　シチュエーションというのも恐怖心を助長させる重要な要素だと思っていて、私たちが川岸に柳が生えている〝いかにも〟なシチュエーションを不気味に感じるというのは、日本人ならではでしょう。淀んだ場所というのも、いかにも……という感じですよね。

■数百年前の怪異を描く

堤　話が変わりますが、近年のホラー小説を読んでみると、怪異の「怖ろしさ」ではなく人間の「恐ろしさ」を描いたものが「こわい」になっていませんか。

睦月　現代の怪異は「こわい」とはまた異なりますよね。怖くしようとホラー要素を詰め込もうとすればするほど、どこかギャグっぽくなってしまう傾向があります。

堤　古代・中世の人々が本当に恐れていた怪異は、実体験を記した記録の類いに書かれています。これは仲間内でひっそりと回し読みされるようなものです。ところが江戸時代の人たちは、「怪異が商品になる」と気づいたんですね。恐怖の感情にエンターテインメント性を付与した結果、実生活との間に驚くべき親和性を見せるようになったのでしょう。死者が帰ってくる夏のお盆の時期に合わせて、怪談

睦月ムンク　羅城門鬼
『百鬼夜行少年 アンソロジーイラスト集』2017年、パイ インターナショナル

芝居を興行するのは歌舞伎の時代からです。かつてホラー映画は夏の夜に限って放送されるものだったけど、現在は子どもが起きている時間にも……というのも時代の変遷として印象的です。

睦月　そういえば、以前のお仕事ですが『百鬼夜行少年アンソロジーイラスト集』（パイ インターナショナル）という書籍では、鳥山石燕《とりやませきえん》が描いた羅城門の鬼を私なりに再解釈したイラストを制作しました。

堤　このイラストを描くうえでどのような点を意識したのでしょうか。

睦月　羅城門《らじょうもん》跡地の公園で、関連するキャラクターが宴会を開いている場面を描きました。渡辺綱《つな》や鬼、茨木童子、源頼政《よりまさ》など羅城門に関係するキャラクターと、創作の幽霊たち、現代の跡地が舞台のため公園にいたおじさんも描きました。かつて都の跡地だった羅城門は、現在碑だけが残り人々の生活に溶け込んでいますが、確かに歴史上の人物が往来した場所だということを表したかったんです。

堤　大昔の出来事と現代人の暮らしがクロスしている点が面白い。数百年前に生まれたキャラクターが現代に……というのは、江戸時代の作品に通ずるパロディ感があります。落語の中に度々怪談が登場するのは、怖いものと笑いをごちゃ混ぜにしようとする日本人らしさでしょう。

睦月　先ほどから「ごちゃ混ぜ」というキーワードが日本人らしさとして度々登場していますね。聖なるものと俗なるもの、怖さと笑い……。豊穣な妖怪文化を生み出し、それをエンターテインメントとして享受し続けてきたのは、やはり日本人特有の現象なのかもしれません。一方、どれだけ認知が深まっても「妖怪」という存在がメインストリーム化するジャンルではないのが面白いところですよね。いつまでも怪しげな存在でいる運命というか。

堤　妖怪は人気《ひとけ》のない場所が棲《す》み処《か》だからね。妖怪に陰のイメージが無くなってしまったら、それこそ妖怪の「日常と暮らし」は終わりだと思うな（笑）。

睦月ムンク（むつき・むんく）

1984年生まれ、京都市在住。イラストレーター・マンガ家。京都精華大学マンガ学部マンガ学科キャラクターデザインコース専任教員。大学在学中の2003年「ファイアーエムブレムTCGユグドラルアンソロジー」（NTT出版）で商業デビュー。装画イラスト・挿絵、各メディアキャラクターデザインなど、フリーランスとして各媒体でイラストレーターとして活動するとともに、コミカライズ主体でマンガ執筆・連載も行う。

論考

江戸の妖怪話にはじまるもの

一　働く妖怪

妖怪絵巻の作画でも知られる俳人・与謝蕪村《よさぶそん》（一七一六～一七八四）は次のような幻想句を残している。

人は何に化《ばく》るかもしらじ　秋のくれ

（夜半叟、安永六年・一七七七）

紅葉の散り始める秋の夕暮れ、狐狸《こり》ならぬ人もまた、何かに化けて妖怪になる、かもしれない。思わせぶりな句の背景には、人間と妖怪の距離感の近さが際立つ、江戸中期ならではの感覚が見え隠れする。鳥山石燕《とりやませきえん》の『画図百鬼夜行』シリーズが続々と世に出て妖怪の姿かたちをビジュアル化し、歌舞伎芝居の舞台に「土蜘蛛《つちぐも》」や「酒呑童子《しゅてんどうじ》」の跳梁《ちょうりょう》跋扈《ばっこ》が演出されて見物の喝さいを浴びた。怪異を楽しむ十八世紀以降の庶民生活のなかにあって、妖怪は身近な物語のキャラクターへと移り変わり、「人のようなもの」に喩《たと》えられていく。

一方、浮世草子の『世間化物気質《せけんばけものかたぎ》』（明和八年・一七七一）の序文を見ると、日がな一日遊び暮らす「遊民」「放蕩《のら》」の類いを「化物」に喩える洒脱な表現が見て取れる。勤勉の徳を奨励する徳川幕府の治世下にあって、まともな仕事につかない遊び人の群れは、世の乱れをもたらす妖怪変化に喩えられ、戯画化された。人と妖怪はまさに紙一重なのである。「人のような妖怪」と「妖怪のような人」の混交は、やがて現世の倫理感と不可分な妖怪像を生み出すことになる。妖怪もまた、人の暮らしを離れては存在しないのである。ここでは実社会の一員として働く江戸の化け物の噂話に注目してみたい。

近世後期最大の世俗説話集である『耳嚢《みみぶくろ》』十巻は、徳川家の旗本武士・根岸鎮衛《やすもり》が天明から文化（一七八一〜一八一八）にいたる三十余年の間に書き溜めた見聞雑記である。それは、あたかも江戸の都市伝説集のようなものであった。本書巻之四に「鬼僕《きぼく》の事」の章題で次の奇談が見える。

芝田某という勘定方（金銭出納《すいとう》係りの役人）の侍が美濃《みの》の国への出張に際して一人の下《げ》男《なん》を召し抱え、身の周りの世話をさせることになった。掛け値なしに気の利く男であったので、芝田も満足していたのだが、しばらくして旅先の宿に泊まった晩、妙なことが起こる。夜も更《ふ》けた頃、夢とも現《うつつ》とも知れず、下男が侍の枕元にかしこまり、呟《つぶや》いている。

それがしは人間ではないのです。街の方々が「魍魎《もうりょう》」と呼ぶ妖怪なのです。実は如何《どう》にもならない事情があり、今の仕事を辞めさせていただきたいのです。

何かあるのなら、遠慮せずに申してみよ、との芝田の言葉に、魍魎が口を開く。

われら一族のしきたりとして、順番に死人の亡骸《なきがら》を奪う役目があるのです。今般、それがしに当番が回ってきたため、一里ほど離れた村の誰それの屍《しかばね》を取らないと叱られるのです。

そう言うと男の姿は闇に融け込み、消えた。翌朝、変な夢を見たものだと訝《いぶか》しく思いながら、念のために確かめると下男の姿がない。さらに村人の話から、昨晩亡くなった何某《なにぼう》の母の弔いの最中に黒雲が葬列を覆い、棺の死骸が奪われたという。

魍魎とは、本来、山川の精霊や墓原《はかわら》のもののけなどを意味する妖怪の呼称であるが、江戸中期の頃には亡者の肝を喰う子どもの姿の化け物とされた（鳥山石燕『今昔画図続百鬼』）。そこから屍を取る「火車」との混同が生じ、やがて先の『耳嚢』のような口碑を派生したのであろう。

もっとも『耳嚢』の魍魎説話をめぐって注視すべき点は、亡骸を取る義務を負った妖怪が、わざわざ雇い主の上司に離職の願いを申し出たところにある。妖怪であるとともに、「彼」は仕事に忠実な、侍の部下であった。辞めることを正直に言わなければ、下男としての一分が立たないのである。

『耳嚢』を元に書かれた京極夏彦の小説『旧談』は、この話を律儀な化け物の逸事として描く。『耳嚢』の内容に立ち戻っていうなら、「律儀」は現代語の語義と異なり、武家の下僕が主人に仕えるのに欠かせない「忠義」の意味を含んでいる。江戸の身分制度の一角に位置付けられる性格を帯びているといってもよい。武家の社会に精通した根岸鎮衛にとってみれば、侍の下僕となった魍魎の律儀は言わずもがなの行動倫理であり、くどくどと記す必要もなかったのであろう。ある意味において、この妖怪話の背後に、おのれの仕事に忠実な江戸時代人の倫理感が潜在するのである。

魍魎
鳥山石燕『今昔画図続百鬼』
大英博物館蔵

二　妖怪と仕事

そもそも屍を奪取する化け物が身分ある侍に雇われるところに、人々の日常生活と妖怪話の近さがうかがえる。江戸は俗世と異界が背中合わせに共存する世界であった。

さて、妖怪たちが現代の京都に住み、日々の仕事をこなすというこの本のコンセプトは、歴史をさかのぼっていえば、十八世紀の頃に始まる妖怪文化を原風景とするものと考えてよい。江戸時代人の思い描いた妖怪との距離感は、本書の企画に通底するからだ。

さらに言えば、現代の学生たちが選定した妖怪の職業欄は、前近代との連続線を示す点で、興味深い問題をはらむことになる。前章の各項目を見渡すと、そこには比較的身近にありそうな仕事、すなわち秘書、タクシー運転手、プログラマー、公務員、歯科医、女子高生などとともに、少々特異な職種である探偵、スパイ、骨董屋、スーツアクター、ボクシングトレーナーといったアニメ・マンガの世界にも通じるような仕事が散りばめられている。探偵以下の職業設定は、闇の住人である妖怪との親和性によるものであろうか。あるいは終身雇用が当たり前だった昭和のサラリーマン社会と事情を異にする、現代社会の仕事観を映し出した結果かもしれない。ある意味で、それらは自営業や個人事業主の支える社会の到来を予言している。

実は江戸時代においても、多数派の職種に入りきらない仕事の多様性が意識されていた。特に幕府の治世が安定期に入る十七世紀後半以降の都市部にあっては、諸地方から流れ込む雑多な群像が巷《ちまた》にあふれ、平和の時代を謳歌した。そうした状況の下で、仕事の種別は細分化されていく。

例えば元禄三年（一六九〇）刊行の『人倫訓蒙図彙《じんりんきんもうずい》』は日本初の職業図鑑であり、さまざまな仕事に向けられた庶民の関心の高さがうかがえる。そこには、貴族・僧侶・大名、あるいは農民・職人・商人はもとより、士農工商（四民）の範疇《はんちゅう》に入らない遊女や狩人、定住を前提としない歩き巫女《みこ》などの漂泊芸能民、祭礼のたびに来訪する大道芸人、浄瑠璃芝居小屋の一座など、さまざまな仕事に携わる人々の実態が絵入りで解説されている。それぞれの勤めの意義、価値と職業倫理におよぶ説明を見る限り、仕事に関する江戸時代人の感性の多様性には、現代にも通じる特色がうかがえる。

興味深いことに、士農工商の定住民に入りきらない階層は、江戸怪談の主役と深く関連する。例えば石燕の妖怪絵本に登場する「海座頭《うみざとう》」「大座頭《おおざとう》」といった旅の琵琶法師にまつわる霊異譚は、小説、芝居から口碑《こうひ》民話におよぶ広汎な怪異の伝承で知られる。座頭とは、『平家物語』の語りで名高い漂泊の盲人芸能の謂《い》いであり、古代中世には琵琶法師と呼ばれた。江戸時代になり、按摩《あんま》、針灸、金融などに携わることになる。一般の人々にはできない特殊技能ゆえに、士農工商の外縁に位置する階層と理解されていた。

そうした現実社会の職能とは別に、座頭は、妖怪絵本のみならず怪異小説の主人公に援用され、また「座頭殺し」の民話に取り込まれて広く流布していった。三遊亭圓朝《えんちょう》の名作『真景累ヶ淵《しんけいかさねがふち》』の場合も、金貸しの針医・宗悦の殺し場を怪談噺の発端とする。特定の職業が一貫して江戸怪談の趣向に取り込まれたことは注目に値するだろう。そういえば、小泉八雲の「耳なし芳一」も琵琶法師の周辺に起こる怪異をメインテーマに据えたものであった。

世間の日常から遠い職種に非日常の世界を重ね合わせるまなざしは、時代を超えた怪異表象の基本形を示すと考えてほぼ間違いないだろう。探偵、スパイと妖怪の親和性は、存外に古い発想を今日に蘇らせたものと見てよさそうである。

三　老いは怪異か

職業とともに妖怪の性格づけに無くてはならない要素は、年齢、性別、そして化け物にならざるを得なかった「境遇」であろう。この点に関して言えば、江戸の怪異談と今回の企画とのあいだには、新旧の時代の落差が歴然としているように思う。深い山の奥でボクシングの指導にいそしむ長寿の鞍馬天狗や、大徳寺近くの歯科医院を営む六十五歳の院長・お歯黒婆の暮らしぶりには、「老い」の影が見えない。みずからスパーリングを買って出る体力で山中を駆け巡り、変幻自在に変わるメイク動画に鉄漿《かね》との融合を思いつく老いた妖怪たち。果敢に目の前の物事に挑むありさまは、まさに人生百年時代の申し子であり、実社会の高齢者の写し絵にもなっている。

しかし、前近代もしくは明治・大正の民俗社会において、「老い」は明らかに衰えであり、遺棄の対象ですらあった。あるいは付喪神《つくもがみ》のごとく、齢を経たものは妖魔の性質を具《そな》えるとされる場合も珍しくない。平均寿命の短い前近代の感覚に比して言えば、妖怪のネーミングに見える「～婆」「～爺」の呼称は、人外のモノを指し示す言葉であったに相違ない。老いは人ならざるモノの入り口であったのだ。

地方奇談を集めたとする『西鶴諸国はなし』（貞享二年・一六八五）の序文で、井原西鶴は各地に散在するこの世の不可思議を一つひとつ紹介する。すなわち「熊野の湯を泳ぐ怪魚」を筆頭に、「源頼朝の小遣い帳」などの眉唾物さえまじえて珍物を列挙しながら、最後に京都の嵯峨に住む「四十一迄《まで》大振袖の女」を挙げて、「是《これ》をおもふに、人はばけもの、世にない物はなし」と結ぶ。娘時代の振袖をいまだ身につける四十一（当時としては初老）の女の正体とは？　他人に言えない事情《わけ》を抱えて嵯峨野に朽ちていく老いた女に、浮世の霊異を見出す西鶴のまなざしが見事に表された一文と言える。

老女と妖怪のつながりは『西鶴諸国はなし』巻五の六にも描かれている。

ひとりすぎ程、世にかなしき物はなし。

冒頭に、年を取ってからの独居を嘆く一言を掲げながら、物語は河内《かわち》の平岡の里に住む美しい娘の恋愛遍歴にフォーカスしていく。田舎には珍しい優美な佇まいが近隣の噂になり、数多の男たちが言い寄ったが、何の因果か女と交わった者はみな早死にするのである。十一人までがこの世を去ったため、あれほど恋焦がれていた村人も気味が悪くなり、娘を無視し始めた。こうして十八歳の冬から独り身となった美女は、八十八になるまで平岡の村里に時を過ごした。老いた姿は見る影もなく、恐ろしげな白髪の乱れに死ぬに死ねないみじめな境涯であった。結局、助ける者もないまま貧苦にあえぎ、夜なべ仕事の灯にも事欠く状態となった。どん底の女はついに平岡神社の灯明の油を盗むようになる。怒った社《しゃ》人《にん》が毎晩弓矢を携えて見張っていると、まるで山姥《やまうば》のような様相の老女が油をくすねようとしている。鋭い雁股《かりまた》の矢を放つと、見事女の細首に当たり、首が闇夜を舞った。夜が明けて確かめると、そこには件《くだん》の老女の骸《むくろ》が横たわっている。これを見て不憫に思う村人は一人もいなかった。この事件の後、燃える姥の首が往来の人々を脅かすようになった。怪異に出合った者は三年のうちに命を失うのであった。ただし「油さし！」（灯明の道具）と叫べば化け物は消えると言い伝える。

「河内の姥が火」伝説を一人の美女の悲しい物語にアレンジした作品である。落ちの部分の「油さし」は、今風に言えばこの妖怪のトラウマであろう。

老いが妖怪を生むという観念は、中世・近世の怪異談に珍しくない。人間の寿命をめぐる社会状況が、令和の現代とは異なる時代の妖怪像がそこに見て取れる。ただし……。ＩＰＳ細胞やＡＩの効果により、もしも私たちが千年、一万年を生きる世の中が来れば、老いをめぐる幸・不幸の物語に変化が生じても不思議ではない。百世紀後の妖怪は、どのような姿になっているのだろう。

あやかしタウンマップ
鞍馬山
鞍馬天狗
たばこ屋
河童
鬼火
大入道
今出川通
河原町通
白川通
大
京都御所
宇治市
片輪車
輪入道
四条通
東大路通
烏丸通
鵺
橋姫
以津真天
伏見稲荷大社

京丹後市
衣蛸
亀岡市
そろばん坊主
大
大蛇
広沢池
北山通
お歯黒婆
土蜘蛛
千本通
甘酒婆
茨木童子
付喪神
堀川通
二条城
ぬらりひょん
酒呑童子
大枝沓掛町
木津川市
ろくろ首
西大路通
羅城門の鬼
朧車

あとがき

怪談や妖怪話は、ある意味で〈時代の写し絵〉といってよいでしょう。

本書の第1章から第3章は、現役大学生の皆さんが創作した現代京都に棲息する妖怪の暮らしぶりと、それぞれの妖怪の性癖、伝承、歴史背景をめぐる堤の解説で構成されています。学生の鋭いまなざしによって、令和のあやかしグラフィティが鮮やかに描かれていると思います。一方、各項目の解説部分は、妖怪の意味付けが各時代の世相と絡み合いながら成り立った点に注目し、「見えない世界」の解読を試みようとしたものでした。本企画の編集を終えてみて、とても興味深く感じるのは、学生担当のフィクションが、実は令和の時代相を大いに反映していることに気づかされた点です。

京都の片隅で多様な仕事に就き、毎日を楽しむ妖怪たち――。しかし彼らの「人生」にはいくばくかの翳《かげ》がつきまといます。過去の悪しき記憶から逃れられず、あるいは他者との距離を考えずには居られない細やかな心の動きが、あやかしを支配しているのですから。いわば「ワケアリ」の妖怪が個別の事情を抱えながら「京都あやかしタウン」に居場所を得ているわけです。

妖怪たちの光と翳は、もしかすると令和の主人公像と重なっているのかもしれません。マンガ・アニメのヒット作『鬼滅の刃』（集英社）では、鬼にならざるを得なかった妖魔の事情が連綿と語られています。善と悪の目鼻立ちが鮮明な昭和の化け物とは異なる内面描写が、今日のキャラクターの特色といってもの差し支えないでしょう。本書後半において、睦月ムンクさんとの対談で示されたキャラクターの時代変遷と、その時代の人々による独自の受け取り方は、そのまま「あやかしタウン」の住人にも当てはまるように思えてなりません。豪快ではあるが単純な昭和の化け物とならべて見る時、現代の「複雑系」妖怪の登場は、爛熟した日本社会の現実に一脈通じるものなのかもしれません。さまざまな問題に直面しつつ、この先の時代の妖怪はどのような顔を見せるのでしょうか。五十年、百年後のありようについて興味が尽きません。

最後になりましたが、本書の編纂にご助力いただいた諸機関、資料の掲載を快諾していただいた皆様、お忙しいなか対談の場を作っていただいた睦月ムンクさんに心より感謝申し上げます。また、淡交社編集部の八木歳春さん、久保田祥子さんには大変お世話になりました。

小著が妖怪文化の奥深さを知る一助となれば幸いです。

二〇二四年一月　寄せては返す由比ヶ浜の汀にて

京都精華大学名誉教授　堤邦彦

堤邦彦（つつみ・くにひこ）

1953年東京生まれ。京都精華大学名誉教授。博士（文学）。江戸怪談研究をライフワークとする。学術研究のかたわら、怪談朗読団体「百物語の館」を主宰。京都の寺社仏閣を中心に公演を行い、江戸怪談の世界を語る活動にかかわる。

著書に『近世仏教説話の研究―唱導と文芸』（翰林書房）、『江戸の怪異譚―地下水脈の系譜』（ぺりかん社）、『女人蛇体―偏愛の江戸怪談史』（角川書店）、『現代語で読む「江戸怪談」傑作選』（祥伝社）、『京都怪談巡礼』（淡交社）、『日本幽霊画紀行―死者図像の物語と民俗』（三弥井書店）等。近著に『女霊の江戸怪談史―大衆化する幽霊像』（三弥井書店）。